Collaborative Optimization Technology Towards Energy-Efficient Manufacturing Scheduling

王俊凯　乔 非　著

高能效制造调度协同优化技术

同济大学出版社
TONGJI UNIVERSITY PRESS
·上海·

内 容 提 要

本书以生产调度与能源管理相结合为基本出发点，以先进的ICT技术和优化理论方法为支撑，围绕生产调度和能源管理协同优化典型问题，选择高能耗制造的代表性行业——钢铁行业为对象，从模型到方法，从理论到应用展开研究。

本书可作为系统工程、工业工程、信息工程、控制工程等专业研究生、本科生和专业教师的教学参考，也可供钢铁企业及其他一般制造业的相关工程技术人员及研究人员参考使用。

图书在版编目(CIP)数据

高能效制造调度协同优化技术 / 王俊凯，乔非著
. -- 上海：同济大学出版社，2022.1
ISBN 978-7-5765-0132-2

Ⅰ.①高… Ⅱ.①王… ②乔… Ⅲ.①钢铁工业—生产调度—研究 Ⅳ.①F404.31

中国版本图书馆CIP数据核字(2022)第014144号

国家自然科学基金项目
同济大学学术专著(自然科学类)出版基金资助项目

高能效制造调度协同优化技术

王俊凯　乔　非　著

责任编辑　翁　晗　**责任校对**　徐春莲　**封面设计**　陈益平

出版发行　同济大学出版社　www.tongjipress.com.cn
(地址：上海市四平路1239号　邮编：200092　电话：021-65985622)
经　　销　全国各地新华书店
制　　作　南京月叶图文制作有限公司
印　　刷　江苏凤凰数码印务有限公司
开　　本　787 mm×1092 mm　1/16
印　　张　9.25
字　　数　231 000
版　　次　2022年1月第1版
印　　次　2022年1月第1次印刷
书　　号　ISBN 978-7-5765-0132-2

定　　价　48.00元

前　言

高能效制造对未来制造业的可持续发展至关重要。能源与环境问题已成为全世界的关注焦点，越来越多的政府和国际组织开始积极寻求节能减排的绿色发展。在碳达峰、碳中和背景下，中国经济原有的高能耗、高污染、低附加值、低劳动效率的增长模式已经难以为继。因此，充分利用制造资源，实现高能效制造，是我国制造业高质量发展的必由之路。

作为可持续制造的重要组成部分，高能效制造对经济、环境和社会具有深远影响。当前，生产调度和能源管理分属两类不同的科学问题，制造业的节能减排与生产调度缺乏协同性。在高能效制造中，如何实现生产指标和能源指标的协同优化是其中的关键议题，这一问题相比于经典调度问题更为复杂，相较于传统节能技术也更有挑战性。

作者所在科研团队近年来一直致力于高能效制造领域的研究，尤其针对高能效制造中生产调度和能源管理如何协同优化的问题展开探索，以先进的 ICT 技术和优化理论方法为支撑，结合以钢铁企业为代表的高耗能企业作为研究和应用对象，从模型到方法，从理论到应用展开研究。

本书的主要特点在于强调理论与实践的结合、学术研究与工程应用的结合，力图使读者在理解典型高耗能生产过程及其能耗系统特点的基础上，能够进一步掌握高耗能企业节能和调度优化相协同的若干技术方法。本书一方面，将生产管理思想和先进的优化方法引入节能领域，为企业提供经济有效的节能技术和手段；另一方面，将能源及能效因素引入传统生产调度领域，进一步丰富现有生产调度理论。在这两方面的基础上，再将能效指标和生产指标统筹兼顾，为企业实现多维度目标协同优化提供模型和方法支撑，也为推进高能效制造理念走向实用提供可行性解决方案。

全书从模型研究、协同机制、比较验证三个层面展开，主要内容包括：高能效制造调度概述、高能效制造领域常见生产和能耗指标、基于机理和数据的能耗指标及生产指标模型、考虑生产约束的能源消耗协同优化方法、考虑能源约束的生产调度协同优化方法、兼顾能耗和生产指标的多目标协同优化方法、多种协同机制的比较验证等部分。

本书的研究工作获得了国家自然科学基金（项目编号：61973237，62133011，61873191）的资助，得到了 John W. Sutherland、赵浮、马玉敏等老师的亲切指导，李国臣、祝军等研究生也参与了部分研究工作，在此一并表示感谢！同时，感谢同济大学学术专著（自然科学类）山版基金对本书的资助，感谢同济大学陈启军教授和山东科技大学钟麦英教授对本书出版的大力支持，感谢同济大学出版社在本书出版中所付出的辛勤劳动。因作者水平所限，在本书编写的过程中，难免存在疏漏甚至错误之处，许多内容有待进一步完善和深入研究，恳请读者批评指正。

前言

目　录

第1章 绪论

结合当前制造业的现状需求和发展趋势，本章首先介绍了本书的研究背景和意义，然后根据高能效制造分类标准综述当前研究概况和存在的问题，接着提出本书的研究内容，最后阐述本书的结构安排。

1.1 研究背景及意义

当今世界制造业正发生着广泛而深刻的变革。自20世纪中叶以来，制造业的发展经历了刚性自动线、计算机数控（Computerized numerical control，CNC）、柔性制造系统（Flexible manufacturing system，FMS）、计算机集成制造系统（Computer integrated manufacturing system，CIMS）和智能制造系统（Intelligent manufacturing system，IMS）等阶段，并向着虚拟制造、分散制造、敏捷制造等方向发展[1]。近年来，随着信息通信技术（Information and communication technology，ICT）和自动化技术的迅猛发展，制造系统从单体或单元制造系统，即仅在设备、单元或车间内部形成“自动化孤岛”，发展到集成和智能系统，包括功能集成、过程集成、企业间集成和制造网络[2]。早在20世纪末，就有学者预言21世纪的制造业将向着全球化、敏捷化、网络化、虚拟化、智能化和绿色化的方向发展[3]，其中绿色化正是解决当前能源、环境、资源等全球问题的重中之重。

当前，能源短缺和环境污染已成为全球性问题，高能效制造是可持续制造中的重要内容[4]，节能减排的相关研究与实践将从经济、环境和社会三方面为可持续发展提供重要支撑（图1.1）[5-6]。工业能耗占据世界总能耗将近一半，并在最近的60年里翻了一番[7]。制造业以31%的能源消耗比例和36%的碳排放比例成为当今世界最主要的耗能与排碳行业

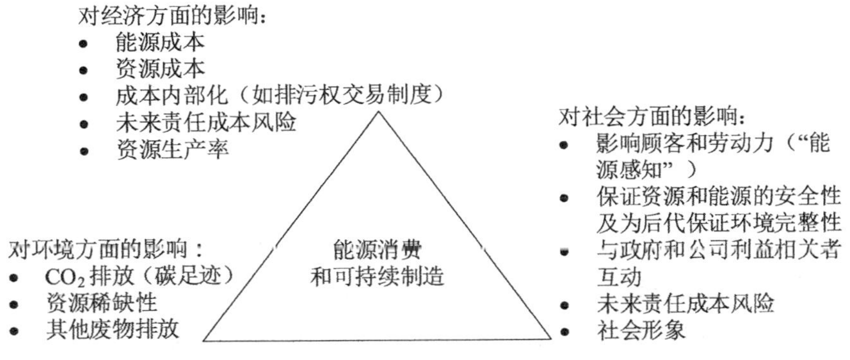

图1.1 能源效率对可持续制造三方面的影响[6]

之一[8]。无论是高耗能制造业，如钢铁、石化等，还是非高耗能行业，如机械加工、电子元器件制造等，都亟需有效的节能策略、方法与技术，大幅降低能源消耗[9]。鉴于未来所面临的能源危机，制定高瞻远瞩的可持续发展战略成为当务之急。为此，国内外专家、学者不懈努力，先后有可持续制造、绿色制造、生态制造等一系列现代理念及配套方法问世[10]。各国政府对于实现制造业的节能减排都给予高度关注。2006 年，欧洲委员会制定到 2020 年能源消耗量降低 20%的目标。一项欧盟支持的面向下一代制造 IMS 2020[11]项目，首次提出高能效制造(Energy-efficient manufacturing)概念，强调运用能源监测、控制与管理技术实现制造企业节能减排，以突破传统生产过程仅关注成本和质量的局限。

中国是制造业大国，也是能源消耗量最高的国家之一。作为世界上最大的发展中国家，我国仍处在经济发展的高耗能阶段和大规模城市化阶段。自 2011 年起，中国超过美国成为世界最大的能源消费国，近年来能耗总量仍在不断攀升(图 1.2)，目前占全球消费量的 26%(2021 年数据)[8]。虽然我国能源消费总量巨大，但人均能耗水平低而单位产值能耗(能源强度)高的能源消费两重性，是我国能源问题的症结所在[12]。从行业类别来看(图 1.3)，中国制造业能耗约占全国能源消费总量的 55%(2019 年数据)，可以看出制造业在节能减排工作中的突出位置。制造业能耗持续居于高位除了体量大的因素外，也存在着节能管理工作弱化，节能技术进步缓慢，节能市场机制不健全等问题[12]，凸显出我国制造业节能减排工作的艰巨性和紧迫性。

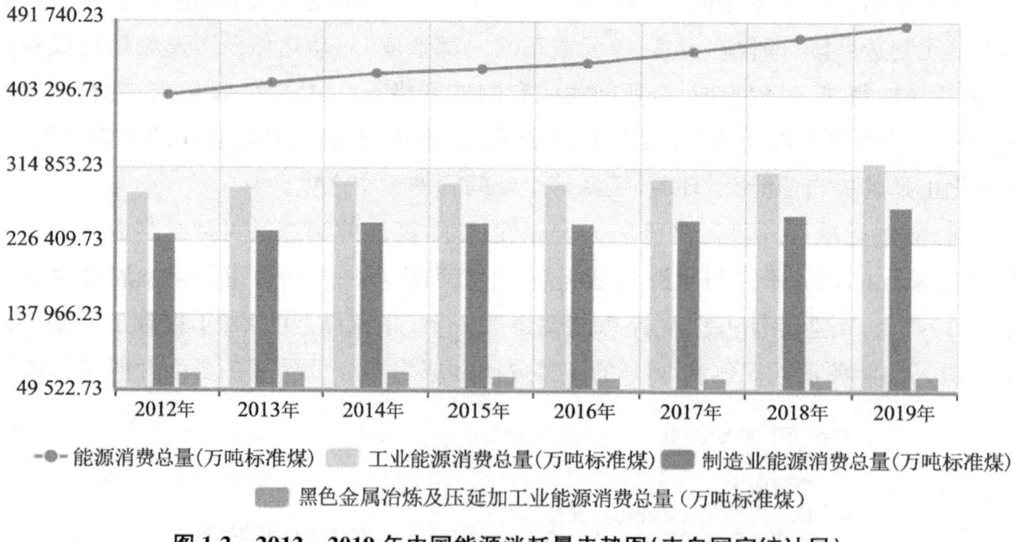

图 1.2　2012—2019 年中国能源消耗量走势图(来自国家统计局)

早在 2006 年，《国家中长期科学和技术发展规划纲要(2006—2020 年)》在制造领域的发展思路中明确指出，要将制造业资源消耗、环境负荷水平降低到国际先进行列[13]。2015 年 5 月国务院公布的《中国制造 2025》中也强调了坚持绿色发展的指导思想，明确提出构建高效、清洁、低碳、循环的绿色制造体系，更加具体地制定了未来五到十年绿色制造的完成目标，即到 2025 年，规模以上企业(主营业务年收入 2 000 万元以上的企业)单位工业增加值

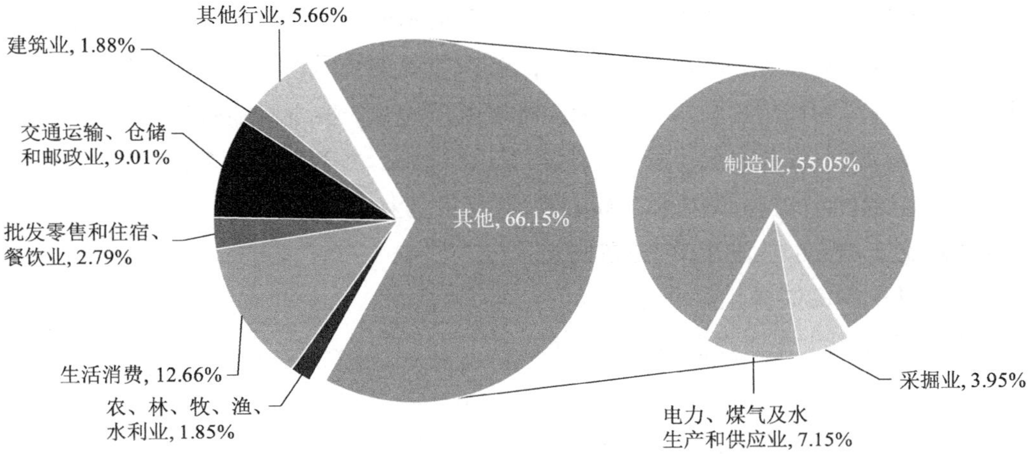

图 1.3　中国各行业能源消耗比例(2019 年数据)

能耗比 2015 年降低 34%，单位工业增加值二氧化碳排放量比 2015 年降低 40%[14]。党的十九大以来，以建立健全绿色低碳循环发展经济体系为方向的高质量发展格局逐步形成。国家“十四五”规划纲要也指出，在“碳达峰”“碳中和”背景下更为迫切地需要正确把握生态环境保护和经济发展的关系，推动电力、钢铁、化工等重点领域和重点用能单位节能降碳。促进制造业朝高端、智能、绿色方向发展，培育制造业竞争新优势，是实现高质量发展的必由之路[15]。

制造业是我国经济发展的基础产业，经济的高速增长使其对石油、煤炭等能源的需求始终保持强劲增长的态势。以在制造业中占据重要地位的钢铁行业为例，中国粗钢产量占据全球市场份额的一半，钢铁冶炼及压延加工业的能源消费量位于六大高能耗行业(钢铁、化工、建材、电力、石油加工和有色金属)之首[16]。从钢铁冶金行业的能源构成看，固体能源物质主要为煤，气体能源物质主要是自产焦炉煤气、高炉煤气和转炉煤气；而世界范围内煤炭和天然气在一次能源消耗量中占比超过 50%，且天然气用量预计将于 2035 年首次超过煤炭用量(图 1.4)，研究固体和气体能耗的建模和优化意义重大。

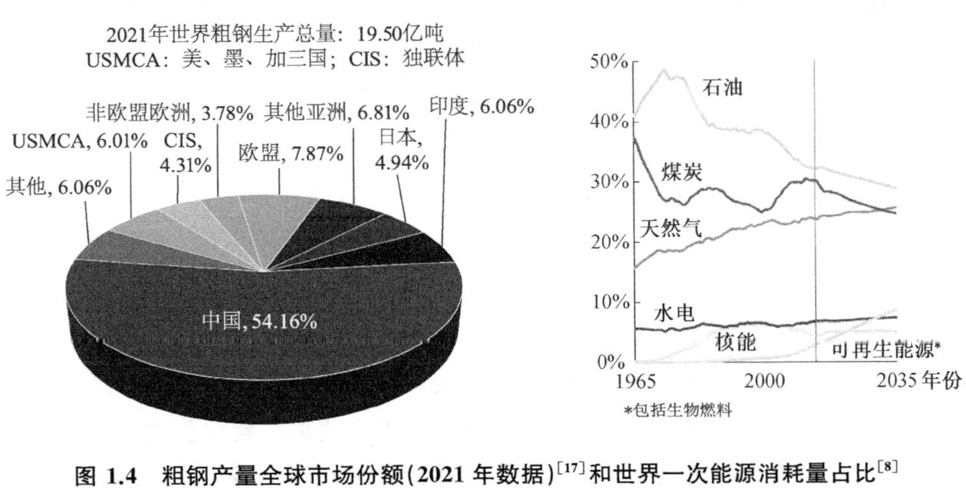

图 1.4　粗钢产量全球市场份额(2021 年数据)[17]和世界一次能源消耗量占比[8]

过去的制造业靠“效能”取胜，追求生产效率和成本的最优。如今随着能源环境问题日渐引起社会各界的关注，作为重要社会主体的制造业无疑要承担更多的节能减排责任。以低能效和牺牲环境为代价盈利的企业，无疑将逐渐被淘汰。实现高能效制造对于降低产品成本、减少环境污染、提升企业市场竞争力具有重要意义，尤其对于高耗能制造业（Energy-intensive manufacturing industries)，如钢铁、石化等企业。

高能效制造，顾名思义，指的是在制造过程中力求以最少的能源消耗创造最大的价值，即能源效率最大化。许多学者积极致力于制造企业节能减排的探索，寻找企业潜在的节能环节。Gutowski 等人[18]发现在某汽车企业中，大部分能源用于与生产不直接相关的非加工环节(图 1.5)。Drake 等人[19]也发现，机器加工时的能耗只占整个机器运行能耗的一小部分，开机过程和空闲状态消耗了大量能量。这些研究为生产过程管理和能源合理调配提供了有力依据。然而，来看该领域还未得到足够重视，大多生产调度仅关注生产率和总生产周期，而忽视能源和环境的影响。

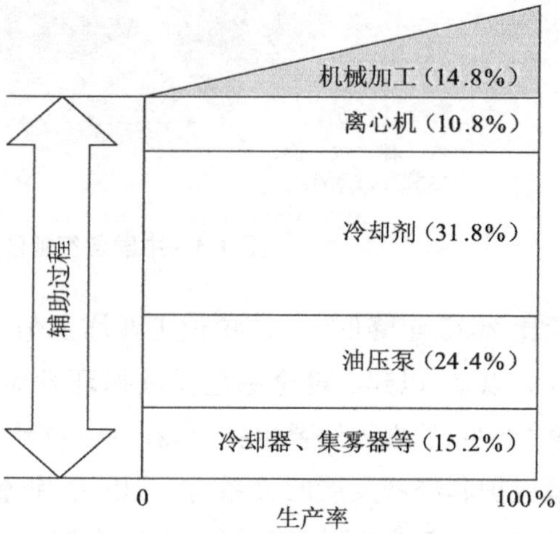

图 1.5　机械加工中的能耗分析[18]

在生产过程中降低能耗的途径有两种，即技术介入(Technological intervention)和管理措施(Managerial actions)[20]。技术介入包括系统设计(System design)和工艺改进(Process renovation)两类。这方面的研究相对较多，Guerrero 等人[21]针对汽车喷漆车间，选择合适的维修容量，可以有效降低重喷工件个数，从而实现节能减排。Wiechmann 等人[22-23]提出了铜电解厂中改进的电极布局方案，称之为“Optbar”，并定量分析了这种改进方案的能效提升效果，获得了能效与产量的同时提高。Devoldere 等人[24]和 Dietmair 等人[25]也是从提升加工工艺的角度分析离散制造机器节能的潜力。管理措施，即生产计划与调度策略，是指在满足工件加工流程和其他约束条件的基础上，利用运筹学、计算机科学、人工智能等方法，合理分配和利用生产线上有限的设备和资源，完成生产活动并尽可能优化系统的性能指标[26]。其优势在于无需增加新的设备或系统投资，无需改变现有工艺状况，就可以大大降低企业运营成本。这方面进行的研究相对较少，本书则重点关注这一角度。

目前，制造业节能减排工作的整体效果并不尽如人意。而制约节能效果发挥的一个重要方面就是缺乏协同性，制造业节能的协同性主要体现在三个方面：

一是节能目标的实现需要考虑具体工艺条件和生产约束。能源优化与管理是指以提高能源利用率为目的，对企业能源系统中能源消耗过程进行计划、组织、控制和监督。当前对单体设备节能工艺改进的关注度较大。以钢铁行业为例，诸如干法熄焦（CDQ，Coke dry quenching）、高炉炉顶煤气压差发电（TRT，Blast furnace top gas recovery turbine unit）等局部节能工艺技术已趋于成熟[27]。节能观点有待从这些孤立的单体走向互联的整体。在考虑节能目标的同时，需要在满足实际对象的工艺参数和工况条件下实现工序的能耗优化。例如在钢铁企业焦化、烧结、炼铁、炼钢等主要工序的节能中，能源优化不仅要关注其按燃料（煤、煤气、油、焦炭）和动力（水、电、风、气）划分的不同能源介质的采购、传输、转换和回收，也要考虑原料、设备和人力的工艺限制和生产条件。

二是生产指标的提升需要考虑制造过程中用能水平的主客观限制。生产调度是在满足工艺和资源等约束条件下，通过安排各工件的加工设备和确定其在相应设备上的加工顺序、加工时间、组批方式、投料策略等，使某个或多个调度指标达到最优[28]。传统生产调度仅考虑生产工艺和资源（如设备、物料、人员）等约束，极少关注如能源消耗、负载功耗等与现实需要密切相关的约束。实际中高耗能企业通过与供电公司定期签订购电合同，拟定购电总量和价格，也划定功率负载的上限。在用电高峰期，这些企业需要合理安排生产，在满足功耗限制的前提下最大化生产效率。又如在钢铁企业轧钢工序中，焦炉煤气（Coke-oven gas，COG）和高炉煤气（Blast furnace gas，BFG）作为保温坑和步进式加热炉的主要能源，也存在因生产不稳定而供应不足的情况，需要根据混合煤气的供应量适时调整生产计划和组批方式，实现生产指标最优化。

三是企业节能期望和生产效益需要兼顾，以满足多维度目标优化需求。近半个世纪以来，在推进制造业信息化的进程中，产生了诸如 ERP（Enterprise resource planning）、SCM（Supply chain management ）、LP（Lean production ）、TQM（Total quality management）、BPR（Business process reengineering）等一系列新的管理理念及 APS（Advanced planning and scheduling）等相应的生产管理决策系统[28-30]。随着能效指标在制造性能评价中重要性的迅速提升，制造业节能研究与实践必须能够与现有系统有效集成[31]。目前绝大多数企业注重追求制造过程中的生产效率（如完工时间、拖期率）和质量、成本问题，却较少关注生产中能耗目标的优化。例如，在钢铁企业轧钢工序保温坑组批调度中，生产者不仅关注板坯总拖期时间的优化，同时也期望混合煤气总能耗降到最低。因而，研究生产调度和能源管理的多目标优化机制迫在眉睫。

鉴于此，本书以生产调度与能源管理相结合为基本出发点，以先进的 ICT 技术和优化理论方法为支撑，围绕生产调度和能源管理协同优化典型问题，选择高能耗制造的代表性行业——钢铁行业为对象，从模型到方法，从理论到应用展开研究。本书一方面，将生产管理思想和先进的优化方法引入节能领域，为企业提供经济有效的节能技术和手段；另一方面，将能源及能效因素引入传统生产调度领域，进一步丰富现有生产调度理论。在这两方面的基础上，再将能效指标和生产指标统筹兼顾，为企业实现多维度目标协同优化提供模型和方法支撑，也为推进高能效制造理念走向实用提供可行性解决方案。

1.2 高能效制造分类标准

在现有的理论研究中，生产调度和能源管理分属不同的研究领域，也形成了各自较成熟的划分标准。

1.2.1 生产调度的分类

鉴于实际生产过程的复杂性，为降低研究难度，研究人员常将实际生产过程调度问题进行简化或附加特定的假设条件，并按不同的标准分类[32]。高能效制造可以看作制造过程研究的一个分支，故制造过程中生产计划调度的相关分类对于高能效制造仍然适用。

根据生产过程中机器环境特性的不同，生产过程调度问题可被划分为单机（Single machine）、并行机（Parallel machine）、作业车间（Job shop）、流水车间（Flow shop）、开放车间（Open shop）及柔性制造系统（Flexible manufacturing system，FMS）等典型调度问题。

基于调度环境和任务，生产过程调度问题可被划分为静态调度问题和动态调度问题，其中，动态调度问题包含实时调度问题和重调度问题等。

基于调度类型，生产过程调度问题可被划分为投料控制、工件调度、批加工设备调度和设备维护调度等。其中投料控制可根据投料策略分为静态（事先设定速率）和动态（如启发式方法）两类；工件调度包括加工排程（Scheduling）、工件分派（Dispatching）和工件排序（Sequencing）；批加工调度的主要问题是确定可以开始加工的最小批量；而设备维护调度主要是为了寻求计划与非计划停机时间的折中。

上述每种分类方法均是从某个单一角度出发，以单一分类标准对生产过程调度问题进行分类，而实际的生产过程调度问题往往难以简单地归结为上述某一类生产过程调度问题，常同时具备多类调度问题的特征。

1.2.2 能源管理的分类

从涉及能源管理的相关文献来看，一般可以从以下几个方面分类[27]：

根据生产设备情况，能源管理问题可被分为单体设备的能源管理和整体系统的能源管理等。

根据生产因素的情况，能源管理问题可被分为生产布局的能源管理、原燃材料的能源管理、工艺流程的能源管理、生产设备的能源管理、生产操作的能源管理和废品废能的能源管理等。

根据生产过程问题，能源管理问题可被分为上下工序之间的配合问题、设备群的负荷分配问题及燃料（能源）的分配问题等。

根据能源模型的不同，能源管理问题可被分为反映能耗水平和能流状况的能源描述模型，如能流图、Sankey 图等[33]；支持企业用能状况比较、分析、预测等的能耗分析模型，如

e-p分析法、灰色模型[34]等；侧重对企业能源系统过程行为进行模拟的仿真模型，如模糊Petri网等[35]。

根据研究方法的不同，能源管理问题可被分为能源消耗状况和用能水平分析[36-37]、能源采购和分配策略的改进优化[38]、能源监控和智能操作指导[39]及能源消耗的调度优化[40-41]等。

1.2.3 生产与能耗协同优化分类

制造系统的能量流与物质流有着天然的耦合关系，生产活动伴随着能源的消耗与流动，能源转换的发生也始终围绕生产的需要而进行。相比之下，在制造业中，将能源管理与生产调度相集成是一个更为复杂而困难的问题[42]，相关研究有待得到更充分的发展。随着高能效制造研究的兴起，近几年出现了一些具有代表性的综述文章。

Garetti 和 Taisch[43]很宽泛地综述了可持续制造的相关主题，并认为具有能源感知的生产计划与控制是实现高能效制造的有效手段，不过他们没有更深入地探究这一主题。Merkert 等人[44]综述了流程行业的能耗和调度问题，但结论尚显笼统。Duflou 等人[45]综述了提升制造企业能源和资源效率的方法；Haapala 等人[46]综述了可持续制造的管理概念、方法和工具，并区分了实现高能效制造过程和高能效制造系统的不同方法。不过由于所涉及的研究范围很大，其中有关提升能效的调度方法分析并不详细。Giret 等人[4]综述了可持续调度领域的研究现状，将优化指标分为"输入类"(如能耗、机器、产品库存等)、"输出类"(如碳排放、污染物、废物量)和"混合类"。将多目标问题划分为：①将可持续相关指标(能耗、碳排放等)作为优化目标，而将生产指标作为约束；②将生产的指标作为优化目标，而将可持续相关指标作为约束；③将可持续相关指标和生产调度的指标同时作为优化目标。将调度方法分为前摄型(离线)、响应型(在线)和混合型三类。Gahm 等人[47]将高能效调度的相关研究按照能源覆盖、能源供应和能源需求三个层面归类，在此框架下更细致地综述了制造企业高能效调度的研究特点和类别，不过他们没有从建模的角度分析能源如何与传统调度方法相集成。Biel 和 Glock[48]则从高能效生产计划的角度综述了相关决策支持模型，主要关注高能效的主生产计划、产能计划、生产批量计划以及机器调度模型。可以看出，上述文献多是关注离散制造业的高能效制造。对于连续型过程，具有代表性的是Harjunkoski 等人[49]综述的流程工业生产调度模型和求解方法，将其中的调度问题划分为组批问题、指派问题和排序问题，不过并未涉及能耗指标的优化。

鉴于以钢铁企业为代表的高耗能企业往往同时具有离散和连续生产过程，本书对这两种生产过程的关键环节都有涉及。在上述文献的基础上，本书借鉴 Gahm 等人提出的从能源供应角度划分的思想[47]，将生产与能耗的耦合关系划分为"直接型"和"间接型"两类。对于某些环节，能源物质作为原料直接参与生产过程，能量流与物质流相互耦合。这种"直接型"能源供应方式以流程工业的连续生产环节最为典型，例如钢铁企业的烧结工序，焦炭既作为原料影响烧结矿的形成，也作为固体能源物质为烧结过程提供能量。这类问题的节能调度在于如何合理规划原材料的配比，在降低生产成本的同时降低总能耗值。对于另一些环节，能源物质主要以热能或动能的形式供应，并不对产品的化学组成产生影响。这类“间接型”能源供应方式以离散制造环节为代表，例如钢铁企业轧钢加热炉中，混合煤气作为主要能源物质仅为加热炉提供热能以加热板坯，这里的节能调度主要在于如何高效地组批和排程，提高批设备利用率并降低板坯等待时间。在“间接型”调度问题的综述中，我们参考 Giret 等人对多目标问题的划分思想[4]，从三个角度讨论当前的研究概况和特点。

1.3 直接型环节协同优化研究概况

由于直接型环节能源物质直接参与生产过程，并影响产品的质量和产量，故这一环节的描述需与实际生产背景紧密结合。在钢铁企业中，焦化、烧结、炼铁、炼钢等连续型生产环节均可归为这一类，其中配料问题对于这些环节的生产质量和成本有着重要影响。烧结工序是钢铁企业中能耗最高的工序之一，它与炼铁生产的产量、质量以及能源消耗有着密切关系。烧结配料是烧结的基础，配料效果的好坏直接影响到烧结矿的化学成分及稳定性，并影响烧结的成本和能耗。本节主要阐述烧结配料优化的研究概况，其他领域配料优化问题的研究也具有一定的相似性和共通性。

烧结工序能耗主要包括固体燃料消耗、电力消耗、点火煤气消耗等，其中固体燃料消耗占 75%～80%，电力消耗占 13%～20%，点火煤气消耗占 5%～10%[50]。近年来，国外的研究主要集中于烧结工序工艺参数控制方面，文献也相对较多。Loo 等人[51]利用共轭方程预测影响烧结生产的烧结床气流阻力；Higuchi 等人[52]建立了烧结矿的空隙与其冷却强度的关系模型；Kumar 等人[53]利用计算流体力学模型对双层烧结过程进行了数值模拟；Kostial 等人[54]建立了一个包括点火炉和烧结机的数学模型，有效地降低了矿粉损失、燃料消耗及气体消耗。

国内针对烧结配料优化的研究较为丰富。可以从三个方面来看，即优化目标、约束类型和求解方法。从优化目标来看，当前的研究多集中于优化成本目标，即在满足各物理化学约束的基础上使得烧结矿的成本最低。其他目标考虑较少，仅徐伟[55]以烧结矿化学成分含量偏差为目标建立了二次规划模型；李勇等人[56]同时考虑成本和有害气体排放量的目标。这些文献都未涉及能耗指标。从约束类型来看，多数研究仅考虑化学成分约束和碱度约束，以及原料的最大加入量约束，对物理约束考虑较少。吴敏等人[57]虽然考虑了转鼓指数这一物理性能指标，但是仅以此作为原料最大加入量的衡量依据，未直接引入模型；吕学伟等人[58]将转鼓指数和抗磨指数两种物理性能指标引入优化模型，其表达式由线性拟合得到，不过由于仅以几种烧结原料作为输入指标，未考虑生产状态参数和操作参数，拟合精度不高，模型可靠性不强。

从求解方法来看，主要方法包括线性规划法、专家系统以及智能方法等，并且往往多种方法综合使用。比如,线性规划法会和智能方法结合使用,在专家系统中常以神经网络技术来预测烧结矿的性能。

(1) 线性规划法

随着运筹学知识的不断发展,线性规划法早已被广泛地运用到了烧结配料中。目前,国内有诸多文献涉及运用线性规划法优化烧结配料问题,尤以成兰伯和那树人等[59-60]建立的线性规划数学模型为经典。单纯以线性规划法进行烧结配料的,以 2003 年之前的文献居多,其后多是结合其他方法(特别是各种智能方法)出现,以得到更好的结果。

(2) 专家系统

专家系统在烧结中的应用在国外始于 20 世纪 80 年代早期,日本和德国较早实现烧结专家系统在实际生产中的运用。专家系统主要应用于对烧结生产过程的控制并结合人工神经网络对烧结矿的性能指标进行预测。而其中的配料子模型及与之相关的其他子模型是支持烧结配料决策的关键技术。总的来说,国内研发的配料专家系统已达到了较高水平,并已有一些成果成功运用到实际生产中。冯建生等人[61]开发了宝钢配矿专家系统,该系统利用神经网络技术建立了配矿模型,并辅以专家知识构成知识库。向齐良等人[62]利用 BP 神经网络分别建立了全铁(TFe)、碱度两个预测模型,并比较准确地描述了烧结配料过程。王炜等人[63]利用神经网络预测了烧结矿的转鼓指数,并取得了较好的效果。刘勇等人[64]建立了基于自适应遗传神经网络的烧结矿化学成分超前预报模型,该模型选取了与烧结矿质量直接相关的碱度、TFe 及氧化铁(FeO)含量作为预测输出。田卫红等人[65]研究开发了协同式专家系统,改善了烧结矿成品质量。龙红明等人[66]采用神经网络预测与专家控制系统相结合的方法,并且采用基于多周期的运行模式,实现对烧结矿化学成分的稳定控制。

(3) 智能方法

智能算法如遗传算法、模拟退火、禁忌搜索、神经网络等,在解决一些复杂的工程问题时大有用武之地。国内在烧结配料计算优化中开始运用智能算法始于 20 世纪末,前期多利用 BP 神经网络预测烧结矿质量。随着研究的深入,各种智能方法开始逐步进入烧结配料优化计算领域。李智等人[67-68]较早地基于神经网络、模拟退火算法、免疫遗传算法等,建立了对烧结混匀配料的优化方法。吴敏等人[69]基于混合粒子群算法的烧结配料优化算法,能够更合理地进行配料,降低生产成本。吕学伟等人[70]分别用线性规划法、蒙特卡洛法和遗传算法对烧结配料优化模型进行求解,指出了遗传算法在配料优化中的潜在应用价值。刘红芳等人[71]采用蚁群算法给出配料计划并生成预想成分,解决烧结混匀矿配料问题。韩延祥等人[72]建立了烧结矿配料优化模型,结果表明进化策略更具有效性。李绍铭等人[73]采用模糊控制策略实现烧结配料自动控制系统,该系统显著改善了烧结矿质量。在考虑能耗优化方面,Yin 等人[74]针对铝工业中配矿问题,以能耗最小为目标,结合生产经验,建立了统一配矿优化调度模型并通过引入变异算子的混合粒子群算法(HPSO)求解,其中的能耗模型采用基于机理和经验的方法描述,但是模型精度有待提高。

多数配料优化问题可转化为线性优化问题，采用线性规划法即可求解，但由于约束的增多可能使线性规划方法无解，很多人尝试随机算法和智能算法求解线性问题，求解手段从蒙特卡罗法[58]逐步向遗传算法[75]、蚁群算法[55]、差分进化算法[76]等智能算法演变，不少混合智能算法也相继提出以弥补单一算法求解的不足[56,69,77]。需要说明的是，在线性可解情况下，线性规划法足以找到全局最优解，智能方法由于计算代价高，仅仅作为线性无解时寻找次优方案的备选方法。

从上述分析可以看出，一方面，当前的研究较少关注烧结过程的能耗指标，在提倡节能减排的大背景下，实现烧结过程能源效率的提升显得尤为迫切。另一方面，优化模型的约束有待进一步扩充和完善，转鼓指数等物理性能指标的预测精度有待进一步提高。此外，在新的优化模型建立后，若为线性可解模型，则用线性规划问题的求解方法求解；若为线性无解或非线性模型，再考虑智能算法的应用。

1.4 间接型环节协同优化研究概况

在间接型环节中，能耗指标大多如同生产指标一样可以通过机理描述，因而协同优化的相关研究较之直接型环节更容易得到关注。离散型生产调度的研究可追溯至20世纪50年代，而国内最早将节能思想引入生产调度安排中始于20世纪80年代中期[78]。国外较早的研究则见于Boukas等人[79]针对钢铁企业中电弧炉和浇铸机组成的混合流水车间(Hybrid flow shop)须满足一定功率约束下，提出一种分层调度方法。Lopez[80]也将能源因素与时间、资源一起作为约束引入生产调度问题中，并用相关软件求解该模型。这些早期研究解决的问题相对简单，一般是采用传统运筹学方法或简单启发式方法求解。由于对现实情况做了大量简化和假设，故得到的模型和结果也不够精确。不过，这些早期的研究为后来的学者开辟了新的方向。

从现有的相关文献来看，绝大多数还是从经典的生产调度问题出发，将能源因素引入生产管理中，形成新颖而更具挑战性的问题，并在借鉴调度问题求解方法基础上探索更有效的解法。根据协同机制的不同[4]，我们将生产调度与能源管理协同优化问题分为考虑生产约束的能耗协同优化问题、考虑能耗约束的生产调度协同优化问题，以及同时考虑能耗和生产指标的多目标协同优化问题，并以此为类别展开综述。每个类别中我们又根据生产过程中机器环境特性的不同，将文献按照单机、并行机、作业车间、流水车间等类型整理和讨论。

需要说明的是，文献检索中我们采用的关键词有：生产、调度、制造、能耗、碳排放、功耗等。本节主要针对离散制造业，整理的文献不包括芯片线程任务调度、电力供应、化工流程领域。不少文献中涉及的碳排放优化问题实质上等同于总能耗优化问题，故此类文献在本节的研究范围内。

1.4.1 考虑生产约束的能耗协同优化

从现有的文献来看，实现生产调度中能耗的优化可以分为两大类，一类是通过调节机速、减少机器空闲等待时间、提高组批效率等方式直接降低总能耗；另一类是在考虑分时电价、可变能源成本的情况下优化排程计划，规避高价区间，实现能源成本的优化。

在直接降低总能耗方面，Che 等人[81]研究了单机可调机速环境下考虑拖期时间约束的能耗优化问题，采用二分约束法和任务约束法建立了两种最小化总能耗目标的混合整数规划模型，通过 CPLEX 在不同问题规模下的比较验证两种模型的求解速度和性能。单机环境下的能耗单目标优化问题规模相对不大，多数可以通过最优化算法求解。

丁小祥[82]研究了自由锻工艺中的并行机调度问题，构建了在工时和排放约束下以能耗为目标的调度模型，并利用匈牙利算法求解，得到了该指派问题较好的调度方案。Fang 和 Lin[83]针对机械加工中可调机速的并行机调度问题，建立了同时考虑最小化拖期时间和总能耗的规划模型，即在以往只考虑加工时间的基础上，在目标函数里引入能耗指标，并利用两种启发式方法和 PSO 算法进行求解。He 和 Liu[84]则考虑能耗和环境影响，提出生产操作的一般解法步骤。在此基础上，针对并行机调度问题，通过模糊集合方法得到工件的性能指标矩阵，并建立两个子模型进行求解，两个模型中以最大完工时间和能耗环境影响互为目标和约束条件。由于能耗伴随着生产过程的进行而耗散，减少工件的运输时间或者中间等待时间也就意味着节约能源。Liu 等人[85]研究了炼钢过程的钢包调度问题，调度时间越短意味着钢包的能量损失最低。通过专家经验建立了钢包最优匹配的优先级规则，并以完成时间最短为目标建立了起重机调度优化模型，之后利用启发式算法求解。从上面的文献可以看出，并行机环境下的能耗单目标优化问题较单机环境复杂，最优化方法只能在规模较小的案例中应用，多数研究已开始应用启发式规则和元启发式算法求解。在钢铁企业中的并行机环节（如轧钢加热炉）往往更为复杂，不仅需要考虑工件指派，还要进行组批调度，这方面的相关研究仍较少。

曹华军等人[86]基于批量分割和交货期约束建立了以最小化能耗为目标的作业车间优化调度模型，并利用遗传算法求解。Zhang 等人[87]研究了机械加工中柔性作业车间的低碳调度问题，通过基于动作元素的刀具能耗建模，建立了优化能耗的非线性过程计划模型并用遗传算法求解。除了规划模型、非线性过程计划等建模方法外，He 等人[88]利用离散事件图方法建立了以任务为导向的能耗模型，将任务流与能量流结合起来考虑。利用该模型，可以对工件的不用加工方案进行分析；利用 Simulink 仿真环境分析了三阶段七台机器的三个工件加工过程，结果显示了不同方案下能耗和最大完工时间的差异；还给出了一个两工件真实案例分析，该案例中的一个方案可以实现能耗和最大完工时间同时最优。这一思想是将任务流和能量流结合的大胆尝试，由于工序任务和能耗有着天然的耦合关系，将二者结合分析以实现生产调度和能源管理双重目标是必然趋势。不过，利用离散事件系统（DES）理论建立事件图模型，仍是一种简化的模型，也是这一思想的初步实现。作业车间环境下相关研究的建模方法较为丰富，涉及规划模型、非线性过程计划、离散时间图等。不过，这些研究多集中于机械加工行业，所涉及的应用案例规模都较小，与实际高耗能行业的应用背景尚有差距，如何在更大规模问题和更复杂能耗条件下应用是需要进一步研究的方向。

流水车间分为单流水车间和混合流水车间。单流水车间简称流水车间，是指车间中有M台串行的机器，所有工件都须按照相同的路径加工。Liu等人[89]针对流水车间采用三阶段分解方法建模优化总能耗。Chen等人[90]建立了热轧工艺中的非线性优化模型，并将最小化能耗和良好成型作为目标函数。他们提出一种改进的差分进化算法求解该模型并避免陷入局部最优。流水车间的能耗单目标优化多通过建立混合整数规划模型求解，由于问题的高复杂性，研究案例的规模往往不大，而求解方法已不满足于单一的元启发式算法，而是将元启发式算法与局部搜索算法相结合，避免算法陷入早熟收敛。

混合流水车间（Hybrid flow shop）也称柔性流水车间（Flexible flow shop），是并行机环境和流水车间环境的结合。在该环境下，工件j需要依次通过s个加工阶段，每阶段有若干台并行机，工件j可以在其中任意一台机器上加工。刘向等人[91]以能耗最小为目标建立了混合流水车间混合整数非线性规划数学模型，针对该问题NP难的特点利用改进的遗传算法求解该模型，并通过3-2-3混合流水车间进行验证。之后，刘向等人[92-93]又针对基本遗传算法早熟收敛和收敛速度慢的缺点，将基本遗传算法和局部搜索算法结合起来，提出了一种混合遗传算法求解该问题，获得较好的验证结果。Zeng等人[94]研究了多任务动态调度问题，通过引入空闲时间窗作为约束，建立以能耗最小化为目标的规划模型，并借助PSO算法求解。Yin等人[95-96]针对铝工业中混合流水车间，以能耗最小为目标，结合企业的生产经验，建立了工件调度优化模型并通过混合分布式PSO算法求解。Nolde和Morari[97]针对钢铁企业电弧炉精炼—氩氧脱碳—连铸工艺这一环节的电耗问题，提出了采用连续时间表示的跟踪计划用电负荷的混合整数线性规划模型；对于该模型先利用贪婪算法产生一个可行的调度方案，并将此作为迭代初始解利用ILOG CPLEX软件求解。这种处理方式与直接求解优化模型相比速度更快、性能更优，不过从实例结果看，验证效果并不理想，需要设计更精确快速的求解算法。Diaz和Dornfeld[98]在研究柔性制造系统中工件加工计划的刀具选择问题时，通过离散事件仿真环境考虑能耗和成本指标，建立了刀具选择决策树模型，在最好的情况下加工1 000个工件时可降低8.5%的能耗。从这些文献可以看出，流水车间环境广泛存在于流程工业和离散制造工业中，对于能耗的关注形式也较为广泛，如用电负荷跟踪、供能调度、多环节能耗优化，这些问题常分解为多个阶段进行处理，分别建立规划模型进行求解，以实现全局的最优。

在优化能源成本方面，Shrouf等人[99]研究了单机环境下优化能耗成本的调度问题，考虑了分时电价和机器加工状态变化时产生的能耗，主要解决何时开始加工工件、机器在加工两个工件之间是保持待机还是应该关机的问题；建立了整数规划模型，通过遗传算法获得的近似最优解在小规模情况下与解析解(最优解)比较得到验证,大规模情况下则比较了遗传算法的解和常规“尽快完成”启发式解在节约能耗成本方面的优势。Fang 等人[100]研究了单机环境下考虑分时电价的调度优化问题,以电力成本最小为目标,在机速恒定的情况下针对特定情况,设计了一种多项式时间的算法;在机速可调的情况下证明是强 NP 难问题,设计了近似求解算法。Che 等人[101]研究了分时电价下优化总电力成本的单机调度问题,设计了一种贪婪插入启发式算法求解。Gong 等人[102]通过有限状态机建立单机暂态能耗模型,在此基础上建立以能源成本优化为目标的单机工件调度混合整数规划模型,考虑能源价格波动和交货期约束,采用遗传算法求解;通过调度器和能源模型的循环迭代,研究随机性对该能源成本优化模型的影响。考虑分时电价的调度优化是当前的研究热点,可以看出,这些文献都是从单机的角度研究能耗成本单目标优化,同时考虑了机器加工状态、机速改变、交货期限制等多种约束条件;求解方法从最优化方法入手,逐步向启发式和元启发式算法发展。

综上所述,在考虑生产约束的能耗协同优化方面,间接型环节相关研究较为丰富,我们按照两个大类,每一类中又按照机器环境分别进行梳理和讨论。可以看出,能耗单目标协同优化着重于能耗目标的表达,若是直接降低总能耗,则需要建立能耗和生产时间之间的描述模型;若是优化能源成本,则需要建立成本与生产时间之间的描述模型。不过这些研究对于机械加工环节关注较多,而对钢铁企业的关注较少。在钢铁企业的很多生产环节中,能源物质与生产过程存在强耦合关系,机理模型往往难以描述,需要借助其他建模手段。同时,钢铁企业很多过程需要组批调度,这方面的研究也相对较少。

1.4.2　考虑能耗约束的生产调度协同优化

与 1.4.1 节相对应,本节将能耗作为约束进行考察,着重优化生产指标。通过文献整理,这方面的相关研究可以分为考虑总能耗约束和峰值功耗约束两大类。

总能耗约束是指在能源总供应量有限制的情况下形成的约束,这一约束广泛存在于当今的制造企业中。除了 1.4.1 节 He 和 Liu[84]针对并行机调度问题,以最大完工时间和能耗环境影响互为目标和约束条件进行研究外,Haït 和 Artigues[103]在研究并行机调度问题时,将能耗因素和人力资源因素同时作为约束条件,提出了调度问题的混合整数规划模型,并针对该问题研究了一种二阶段启发式算法求解,该算法可以大大加快求解速度,并保持良好的精确度。Artigues 等人[42]在此基础上又提出了一种基于能源推理的能源约束传播技术,设计了一种分支方案通过树搜索方法求解该问题,该方法可以大大缩小混合整数规划模型解搜索空间。除上述方法外,邻域搜索和元启发式方法也得到应用。李凯[104]研究了作业准备时间和加工时间受能耗约束的多个关键机器调度问题,在 3 种不同情况下通过构建能耗函数建立相应的三元组调度模型,并设计了基于可变邻域搜索和模拟退火算法的亚启发式算法提高求解精度。

Tang 和 Dai[105]建立了具有可调机速的作业车间最小化最大完工时间并考虑总能耗约

束的混合整数规划模型，采用一种遗传-模拟退火算法求解。在小规模问题下，可以在保持当前最优 makespan 下将能耗降低 5%～10%；在大规模问题下，可以在保持当前近似最优 makespan 下将能耗降低 1%～4%。Kemmoé 等人[106]研究了作业车间考虑能耗约束的最大完工时间优化问题，建立了有向图模型和线性规划模型并通过 CPLEX 求解。Keller 等人[107]研究了混合流水车间考虑能源价格和供应量限制的调度问题，采用启发式算法（模拟退火）求解，不过模型仅优化生产交货期指标。Subaïa 等人[108]研究了电镀生产线的起重机调度问题，将能耗和废弃物这类"环境约束"引入以最大化车间吞吐量（生产率）为目标的数学模型中，建立了非线性全局成本函数，采用一种两步算法求解这一问题以提高求解速度。

峰值功耗约束是指供电公司或者企业供能部门单位时间可以提供的能源上限。Zhang 和 Tang[109]针对钢铁企业的炼钢环节，建立了最小化电力成本的单目标规划模型。模型在关注生产约束的同时，还考虑了供电能力（功耗）约束。通过拉格朗日松弛法求解该模型，最终的调度策略可以有效缓解能源供应压力，并且由于高峰和低谷电价不同，这一策略还能有效降低生产成本。Fang 等人[110]研究了流水车间考虑峰值功耗约束的调度问题，以最小化最大完工时间为目标，结合整数规划模型和组合方法进行求解。上述学者采用最优化方法求解该类问题，一些学者则尝试用启发式方法求解。Bruzzone 等人[111]将电力峰值作为约束建立混合整数规划模型，利用一种启发式方法（RANS）求解该模型，并通过一个 2-2-2 混合流水车间验证了该算法的有效性。

以能源作为约束的研究相对较少，从上面的文献可以看出：①由于考虑能源约束时往往针对一个车间进行考察，故文献中没有针对单机能耗约束的研究是可以理解的。②考虑总能耗约束的研究相对峰值功率约束的文献多，一方面是因为总能耗约束具有很强的现实背景和研究价值；另一方面峰值功耗约束的建模难度较高，需要实时跟踪负载功率变化，求解难度也较大，目前的相关研究多是从最优化或者启发式方法切入，针对规模较小的问题进行研究。③考虑能耗约束的生产调度协同优化可以看作在传统生产调度问题中加入能耗约束，由于约束条件的增多，必然导致原有调度问题优化指标性能退化。不过从文献来看，在问题规模不同的情况下，性能指标退化程度也呈现不同的特点。在钢铁企业这类高耗能企业中，也常会发生能源供应量不足的情况，需要针对特定问题在不同问题规模下进行研究。

1.4.3 同时考虑能耗和生产指标的多目标协同优化

随着高能效制造研究的深入，制造过程不仅追求某一单目标的最优化，而且期望能耗和生产指标同时最优，这就形成了一类新的多目标优化问题[112]。这类问题得到了较多关注，可根据多目标求解类型的不同，划分为将多目标转换成单目标处理和直接寻求多目标非占优解（Pareto 解）两种类型。

1.4.3.1　转换成单目标处理

将多目标转换成单目标问题处理，可分为将多目标融合为单目标和将多目标分解为单目标两种。多目标融合为单目标的方法有多种，较常见的是加权法和集成指标法[113]等。Mouzon 等人[114]研究了数控机床单机调度问题，指出如果非瓶颈设备在空闲状态关闭能够节省 80%的总能耗。因此，准确预测下一个工件的到达时间将对组批规则的有效性有很大影响。他们提出了一些组批规则以减少非工作设备的能耗，利用神经网络预测工件的到达时间，并建立了一个多目标规划模型以最小化能耗和总完成时间，之后将多目标模型通过加权求和转化为单目标模型求解，得到一组非支配解供管理者决策。Wang 等人[115]研究了考虑机械加工过程中优化总能耗和物料去除率的单机调度问题，采用人工神经网络建立能耗和物料去除率加权优化模型，通过模式搜索、遗传算法和模拟退火算法求解该模型。这些单机环境下的调度问题由于都加入了基于数据的能耗或者生产指标预测模型，增加了问题的复杂程度，故最终都简化为单目标并采用元启发式算法寻求满意解。

Liang 等人[116]研究了非等同并行机环境下最优化总能耗和总拖期时间的调度问题，考虑了机器空闲状态和启动状态的能耗，建立了加权混合整数规划模型，并设计了一种结合 ATC(Apparent tardiness cost，显著延误成本)启发式规则的蚁群算法求解。Tonelli 等人[117-118]将加权混合整数规划模型和多智能体模型进行比较，也在非等同并行机环境下同时优化拖期时间和总能耗目标，发现后者的解更优。Tang 等人[119]研究了轧钢并行加热炉考虑节能的板坯调度问题，该调度问题主要解决如何组批、组批后如何排序、排序后如何安排进炉时间三大问题，调度目标主要考虑加热质量、能耗利用效率以及加热方式三方面，具体分别以最小化板坯实际炉内停留时间与理论时间的差值，最小化换模成本(相邻板坯目标加热温度变化所耗费的能源成本)，最小化冷坯用热坯模式和热坯用冷坯模式的发生次数这三个目标来表达。求解时将多目标加权为单目标后采用带约束传播技术的分散搜索算法寻找近似最优解，该算法在小规模问题下与 ILOG CP 最优化软件比较，在大规模情况下与标准分散搜索算法和遗传算法进行了比较。这些并行机环境下的多目标协同调度问题都是通过建立混合整数规划模型，在问题规模较小时，可以通过最优化方法求得全局最优解；随着规模的增大，设计启发式规则和元启发式算法成为获得局部最优解的途径。

曹华军等人[120]提出了机械加工系统作业车间同时考虑节能和降噪的加权多目标综合任务分配模型，并基于遗传算法求解该模型；另外还基于空载功率和空载噪声对模型进行简化，提出了一种模型应用方法。Salido 等人[121]在优化作业车间能源效率和最大完工时间的同时，将鲁棒性也作为目标加以考虑，通过加权法将目标两两分别研究。Dai 等人[122]研究了混合流水车间最优化最大完工时间和总能耗的多目标调度问题，当待机时间过长时通过关机操作来节约能源。他们将两个目标加权为单目标并采用一种遗传-模拟退火算法求解。Yan 等人[123]研究了机械加工中混合流水车间的刀具选择和加工排序问题，同时优化总能耗和最大完工时间，将该问题划分为多个阶段考虑，首先通过灰关联分析优化切削参数，兼顾切削能耗和时间；再通过遗传算法求解加权多目标调度问题。Liu 等人[124]考虑了流水车间下具有模糊加工时间和模糊交货期的工件指派和排序问题，考虑了热处理设备与状态相关的换模时间，将总能耗和拖期时间加权为单目标，设计了两种模式匹配机制和启发式方法改进遗传算法求解。Moon 和 Park[125]研究了考虑电力成本的柔性作业车间调度问题。首先考虑了分时电价的情况，然后再考虑多种供能环境下（光电、燃料电池）的能源成本最优化问题，都同时以生产成本和能耗成本为目标，分别建立带约束的加权混合整数规划模型和混合整数二次规划模型，通过 CPLEX 和 ILOG 等商业软件求解。上面的文献从作业车间到流水车间，再到柔性制造系统，生产环境的复杂程度在逐步增加；同时，研究问题的复杂程度也在提高，如噪声指标的考量、切削参数的优化、与状态相关的换模时间、多种供能环境等。因此，通过加权法简化多目标问题的求解难度成为解决这些问题的有效手段。求解算法多采用遗传算法这类元启发式方法，也兼顾最优化工具。

将多目标融合为单目标绝大多数采用加权的模式，不过如何分配权重比例是值得研究的问题。同时加权法也存在重叠性和歧义性的缺点，即贡献度较小的目标容易被埋没，多目标情况下的可行解在加权单目标下可能误判为不可行。由此，Sharma 等人[126]在研究两阶段流水车间下考虑分时电价情况的调度优化问题时，通过集成指标法将多目标转化为单目标并采用模拟退火算法求解，实现最小化电力成本、碳排放和最大化加工工件数目。

将多目标分解为单目标处理，主要是将多目标拆分为单个目标逐个研究再合并或集成优化。Cheng 等人[127]研究了单机环境下考虑分时电价的组批调度问题。以最大完工时间和电力成本为目标建立了非线性混合整数规划模型，通过启发式规则分析该问题后将对应的单目标规划模型线性化，并采用 ε-约束法通过 CPLEX 求得该双目标优化问题的 Pareto 解集。Dai 等人[128]研究了作业车间生产计划与调度问题，建立了以最小化最大完工时间和总能耗为目标的混合整数规划模型，采用一种改进的遗传-模拟退火算法首先求解仅考虑最大完工时间的优化问题，然后加入能耗指标的考量，形成不同 Makespan 下具有能耗指标的解集（类似于 Pareto 解集）。求解方式仍是针对单目标优化问题。之后他们又研究了混合流水车间的动态调度问题，考虑新工件到达和机器故障两种情况，设计了改进粒子群算法求解[129]。Tan 等人[130]研究了可变电价下炼钢过程调度问题，针对该混合流水车间提出一种两阶段分解方法建立了两个数学规划模型，分别优化最大完成时间和能耗成本。Nilakantan 等人[131]研究了多生产线的平衡调度问题，如何将任务合理平均地分配到不同的生产线上，以最小化总能耗和生产周期建立了混合整数规划模型，将多目标问题转化为两个单目标问题，并通过 PSO 算法求解。可以看出，将多目标分解为单目标处理后原有问题得到简化，求解难度降低，从最优化方法到元启发式算法都有应用。不过，如何在目标分解后合并和集成是值得研究的问题。现有研究的处理方式可以归纳为三类：一是交互式，即将某一目标值固定在一些值上，优化另一目标，得到近似 Pareto 前沿面；二是递进式，即先优化一个目标，在此基础上再优化另一个目标；三是并列式，即针对每个目标分别优化后，研究单目标模型下两个指标的表现，再分析不同情况下模型的适用范围。

综上所述，这些协同优化研究涉及的能耗指标包括总能耗、能源成本、能源效率、换模成本等;生产指标包括总完成时间、物料去除率、总拖期时间、最大完工时间、加工质量、加工方式、生产成本、生产鲁棒性、生产周期、加工工件数目等。同时,不管是将多目标问题融合为单目标,还是分解为单目标,实质上都是简化问题难度,提高求解效率。两种处理方式也各有利弊:融合的方式虽然可以同时优化多个目标,但由于目标之间的单位和量级不同,权重比例的选择对求解质量影响很大,需要进一步研究不同权重比下指标的变化;分解的方式虽然可以获得每个指标的优化解,但单一目标孤立的优化可能导致其他指标性能急剧劣化,如何在这些解中取舍并将单目标合并和集成为多目标是值得研究的问题。

1.4.3.2　寻求多目标非占优解

直接寻求多目标非占优解是当前的研究热点,其优点是由于平等地看待每一个优化指标,故所有指标都能同时优化;而其难点在于如何设计多目标占优机制。我们按照机器环境的顺序进行文献梳理,并将组批调度研究单独进行综述。Mouzon 和 Yildrim[132]研究了单机环境下最小化能耗和拖期时间的多目标优化问题,设计了一种元启发式方法获得近似 Pareto 前沿(近似非支配解集),通过层次分析法在 Pareto 前沿面上挑选"最满意"的解。随后,他们又改进了求解方法,利用多目标遗传算法求解该多目标规划问题,并利用优势法则和启发式算法加快求解速率[133-134]。Liu 等人[135]研究了单机环境下具有固定到达时间的工件如何安排加工时间的问题。考虑到机器在空闲和状态切换时产生的能耗,建立了以最小化总碳排放(即总能耗)和总完工时间为目标的整数规划模型,并通过 NSGA-Ⅱ 算法求解。Zheng 和 Wang[136]研究了具有可调机速的单机环境下既考虑总能耗目标也考虑峰值功耗约束的多目标问题,以最大完工时间和总碳排放(即总能耗)为目标建立了混合整数规划模型,并设计了一种基于 Pareto 的分布估计算法,结合两种 Pareto 解保留机制,提出了混合概率模型描述解空间分布。验证所设计的算法优于 NSGA-Ⅱ。单机环境下的多目标协同优化主要是考虑如何减少机器的空闲待机时间(开关机调度),或是如何调节机速,兼顾总能耗和生产指标(最大完工时间或拖期时间)的优化,求解方法多采用启发式或元启发式算法,获得 Pareto 前沿面。

He 等人[137]提出了作业车间调度的双目标模型,同时考虑能耗和最大完工时间最小化,设计了一种基于禁忌搜索的启发式方法求解该问题。结果表明,在能耗涨幅不大的情况下,可使完工时间大大降低。Lei 和 Guo[138]研究了有双重资源约束的作业车间最优化最大完工时间和碳排放(即总能耗)的多目标问题,并设计了一种动态邻域搜索算法求解。May 等人[139]同样针对作业车间优化最大完工时间和总能耗,设计了一种绿色遗传算法求解。Liu 等人[140]建立了作业车间最优化总能耗和总拖期时间的整数规划模型并采用 NSGA-II 求解。Zhang 和 Chiong[141]在此基础上加入局部搜索改进了该多目标遗传算法。作业车间环境下的多目标协同优化问题主要针对机械加工领域,从能源指标上看,上述文献都仅关注总能耗目标;从生产指标上看,也仅关注最大完工时间和拖期时间;从求解方法上看,启发式规则和基于多目标遗传的改进算法是主要的求解手段。

Fang 等人[142]提出了流水车间多目标优化模型,该模型最小化最大完工时间、峰值负载功率以及碳排放(即总能耗),针对该NP难问题,通过两台机器的流水车间实例,给出不同条件下Pareto解的表现。Mansouri等人[143]建立了只有两台机器的流水车间优化最大完工时间和总能耗的混合整数规划模型,在一些非约束情况下给出了两个目标的下界,并设计一种构造性启发式算法。Lin等人[144]提出了一种基于教导学习的启发式算法求解。Ding等人[145]设计了一种多目标NEH插入算法和改进多目标贪婪迭代算法获得非占优解。Lu等人[146]在此基础上加入了顺序相关换模时间和可控运输时间的考虑,以相同的目标构建模型,采用一种多目标回溯搜索算法求解。He等人[147]研究了机械加工中混合流水车间的刀具选择和加工排序问题,同时优化总能耗和最大完工时间,并采用一种嵌套分区算法求解。流水车间环境下的多目标协同优化问题呈现出一些特点:①流水车间的生产指标较多关注最大完工时间的优化,能耗指标除了总能耗外,还有峰值负载功耗的优化;②多数文献仅研究小规模流水车间问题,因此最优化方法和启发式方法应用最多,力图获得全局最优解,但这些模型大都极为简化,在实际中难以应用;③更为复杂的混合流水车间问题则只能通过元启发式算法寻求满意解。

Liu等人[148]研究了具有多阶段多选择性的seru生产系统(一种适用于小批量多品种生产的柔性制造系统)中加工不同类型产品时如何制定最优分派方案的问题,以最大完工时间和总碳排放(即总能耗)为目标建立了混合整数规划模型,并采用NSGA-II算法求解Pareto解集。Jiang等人[149]和Zhang等人[150]也研究了柔性作业车间考虑能耗指标的多目标优化问题,Jiang考虑了最大完工时间、生产成本和产品质量指标;Zhang则考虑了最大完工时间、库存时间和机器负载量指标。他们都改进了NSGA-II算法求解多目标模型,前者采用一种基于血液变异的NSGA-II算法,后者采用带局部搜索策略的NSGA-II算法。Zhang等人[151]研究了柔性制造系统的动态调度问题,同时考虑了能耗和调度效率目标,建立了目标规划模型,并在没有动态事件、有新工件到达和设备发生故障三种情况下检验模型动态调度的效果,通过静态和动态FMS进行验证。柔性制造系统环境下的多目标协同优化往往更为复杂,需要考虑的生产指标也呈现多样化的趋势,主要涉及最大完工时间、生产成本、产品质量、库存时间、机器负载量、生产效率等。NSGA-II作为当前计算效率较高的一种多目标算法得到较多应用。很多学者针对特定问题探究改进这一算法获得了相对更优的Pareto解集,不过由于算法核心仍是基于NSGA-II,故追求解的精度提升也意味着时间效率的退化[152],研究更为高效的多目标算法也是今后值得关注的方向。此外,高能效的动态调度问题也需要进一步深入研究。

组批调度早已是制造业调度领域的研究热点之一[153],在高能效制造方面,考虑能耗的批加工设备调度也开始引起关注。尽管相关研究并不多,但从中可以看到,不同的组批方式和规模对于设备能耗有显著影响。在实际制造业中,相关问题的研究不会带来新的设备投资,也无需改进现有工艺,就可以实现显著的能效改观,故具有重要的实际应用价值。

Liu[154]研究了单机和并行机的组批调度问题,在单机环境下考虑了工件的不同到达时间,主要解决如何组批问题;并行机环境下假设工件同时到达,主要解决如何组批和如何指派的问题。两类问题都考虑了碳排放(即总能耗)和总拖期时间两个目标,在求解阶段提出了一种带精英保留策略的多目标遗传算法(ε-AGA)。之后,Liu 和 Huang[155]又研究了单机和混合流水车间的多目标组批调度问题。在单机环境下考虑了工件的不同到达时间,以最小化碳排放(即总能耗)和总拖期时间为目标;在混合流水车间环境下以工件同时到达为背景,考虑了总能耗、峰值功耗和总拖期时间三个目标的最小化。求解阶段在 NSGA-Ⅱ的基础上提出了一种改进的自适应多目标遗传算法(AMGA)。Luo 和 Du 等人[156-157]为解决考虑能源效率的多目标柔性流水车间批调度问题,以同时最小化电力成本和最大完工时间为目标建立规划模型,设计了偏好向量蚁群系统 PVACS 多目标算法,并与 NSGA-Ⅱ和 SPEA2 进行比较。

组批调度是高耗能生产环节中的一类重要问题,轧钢加热炉、轧辊加热炉、保温坑等都是耗能巨大的批处理设备,如何在组批调度中实现能耗和生产指标的同时优化迫切需要关注。组批调度主要解决两类问题:一是工件如何组批(batching);二是确定批次加工优先级(dispatching)。当前研究对于能耗指标关注多样,总能耗、峰值功耗、能源成本等都有涉及;对于生产指标关注也较为广泛,主要有拖期时间、最大完工时间、废物量、库存量等。从生产环境看,单机、并行机、混合流水车间乃至流程工业都有研究。从求解方法看,由于问题的高复杂性,绝大多数都通过设计元启发式算法来求解,几种算法都取得了较 NSGA-Ⅱ略优的性能,不过算法复杂度也更高。此外,现有的这些问题往往基于确定性条件进行研究,而现实的生产过程往往存在大量的不确定因素,例如加工时间、交货期,甚至气体燃耗的热值等都具有不确定性,如何在实现高能效的同时处理这些不确定因素有待进行研究。

1.5 存在的问题

尽管当前已有不少文献对高能效制造相关问题进行研究,但目前生产调度与能源管理协同优化研究尚有诸多问题亟需解决:

(1) 从模型的角度看,直接型环节缺乏针对能耗指标的建模方法,以及对能耗和生产指标进行系统性的归纳。在以钢铁企业烧结工序为代表的连续型生产过程中,由于能耗模型难以通过机理建立,现有研究中较少涉及考虑节能目标的生产优化方案。因而,行之有效的能耗描述方法是该问题的关键。同时,从 1.4 节的综述可以看出,绝大多数间接型环节则可以通过机理进行能耗建模,但由于涉及领域广,缺少系统性地归纳这些能耗指标和生产指标的一般表达方式。

(2) 从考虑生产约束的能耗协同优化角度看,直接型环节中缺乏以节能优化为主、考虑多种生产指标约束的调度方案研究。在以钢铁企业烧结工序为代表的生产过程中,实现烧结过程能源效率的提升显得尤为迫切,间接型环节相关研究较为丰富可以借鉴。在获得能耗模型的基础上,如何兼顾能耗和生产的指标是烧结配料问题需要解决的问题。同时,优化模型的约束有待进一步扩充和完善,转鼓指数等物理性能指标约束有待加以考虑。

(3) 从考虑能耗约束的生产调度协同优化角度看，间接型环节缺乏考虑能耗约束的组批调度研究。而从 1.4 节的综述来看，能耗目标在离散制造环节中越来越多地受到关注，但能耗作为约束条件的相关研究仍较少；并且现有的考虑能耗约束的生产调度协同优化研究都不涉及组批调度问题。在以轧辊制造企业并行热处理炉为代表的高耗能环节中，目前仅侧重于研究满足生产约束的最优组批调度方案，有必要考虑能耗约束的情况。

(4) 从同时考虑能耗和生产指标的多目标协同优化角度看，间接型环节目前集中于研究确定环境下的调度优化，对于实际生产环境中的不确定性少有关注。在以钢铁企业轧钢工序保温坑为代表的高耗能批处理设备中，生产和能耗同时作为目标的多目标组批调度研究较少，且仅以机械加工中的具有确定性描述方法的电力能耗研究为主，而具有可变热值的气体能耗较少考虑；同时，生产过程中加工时间、交货期等存在的不确定性研究也鲜有涉及。

1.6 本书研究内容及结构安排

针对上述问题，本书研究工作按图 1.6 所示的结构，分别从模型研究、协同机制、比较验证三个层面五个部分组织展开。主要研究内容包括以下几点。

(1) 基于机理和数据的能耗指标及生产指标模型研究

能耗与生产协同优化机制建模可分解为生产建模和能耗建模两部分内容。以调度优化为代表的生产指标模型相对丰富并可以借鉴，能耗指标模型则是研究协同优化机制的关键。针对高能耗制造业的典型工序，研究基于机理和基于数据两大类能耗模型建模方法。具体研究内容包括：梳理归纳高能效制造领域常见生产和能耗指标，在以电力和有固定热值的燃料为能源的典型工序中，确定能耗模型的形式化描述方法，这些指标为后续研究提供模型基础；重点研究在无法通过机理描述能耗的工序中，如何通过基于历史生产数据和能耗数据的方法，建立能源介质配比与能耗之间的关联关系。以钢铁企业烧结工序为例，研究烧结工序中生产原料配比、生产状态参数以及生产操作参数与能耗间的关联关系，建立基于数据的能耗模型。比较不同建模方法间的模型性能差异，分析能源介质配比的改变对于能耗的影响。此部分研究内容将为后续协同机制的研究提供模型支撑。

(2) 考虑生产约束的能源消耗协同优化方法研究

研究直接型环节考虑工艺条件和生产需求的能耗优化问题。选择适当的能耗模型，描述生产制造中能量流和物质流的关联关系，并以此作为能耗优化的基础。此部分具体研究内容包括：提出直接型环节考虑生产约束的能源消耗协同优化模型框架；研究不同生产参数和原材料配比下对总能耗和生产性能指标的影响，即以实际生产数据为基础建立原材料配比和生产状态参数与能耗和生产性能指标的预测模型；建立以多种生产介质配比组合为决策变量的能耗与成本协同优化模型；以钢铁企业烧结工序为研究对象，比较分析不同生

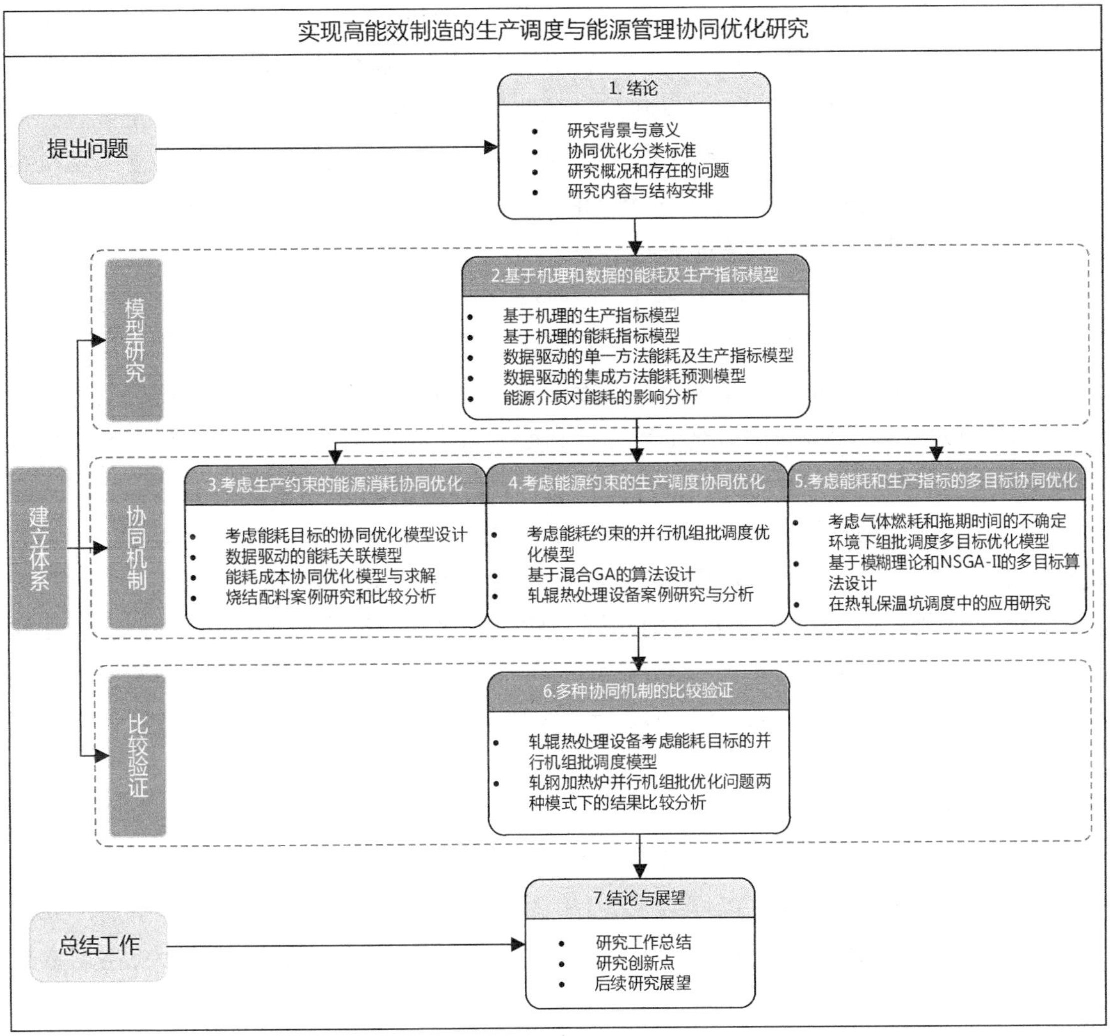

图 1.6　本书研究内容与结构

产约束水平和不同目标权重比下优化结果的变化趋势。

(3) 考虑能源约束的生产调度协同优化方法研究

研究并行批处理机环境下的组批调度问题。在传统的生产调度优化中，未考虑过用能水平约束，如何定量分析和表达用能水平是其中的关键问题。以生产性能相关指标为目标，以能耗和生产调度工艺为约束，建立优化模型并求解，获得在能源约束下的生产调度方案，并以典型企业为案例进行分析。具体研究内容包括：在并行批处理机环境下，考虑工件到达时间和尺寸以及机器功耗的不同，以最小化最大完工时间为目标，以总能耗为约束，建立组批调度混合整数规划模型；设计一种带邻域搜索的混合遗传算法对模型进行求解；以轧辊热处理设备为研究对象，通过对实验结果的比较分析验证模型和算法的有效性。

(4) 兼顾能耗和生产指标的多目标协同优化方法研究

在研究确定环境下组批调度问题的基础上，引入加工时间、交货期和煤气热值的不确定性，进一步研究不确定环境下的组批调度问题，提出模糊环境下考虑能耗和生产指标的多目标调度模型，设计多目标协同优化算法，寻找 Pareto 最优解集。具体研究内容包括：考虑工件到达时间不同，建立考虑气体燃耗和拖期时间的不确定环境下批处理设备多目标调度优化模型；设计基于模糊理论和 NSGA-Ⅱ的多目标算法；以钢铁企业热轧工序保温坑组批调度为应用案例，研究基于综合优化指标的协同优化算法性能比较与评价。

(5) 多种协同机制的比较验证研究

研究同一类问题在多种协同机制下的模型与算法比较验证。实际中的能耗与生产协同优化问题往往存在多种协同机制可以相互转化的情形，即考虑生产约束的能耗协同优化问题也可以转化为考虑能耗约束的生产调度协同优化问题，这种模型目标和约束条件的转化与比较可以进一步验证协同机制的可靠性和所获得最优解的有效性，为实际生产中的节能调度提供更全面的指导。具体研究内容包括：研究并行批处理机环境下的考虑生产约束的能耗优化组批问题，以轧辊热处理设备为对象，与考虑能耗约束的生产调度组批问题的优化结果进行比较分析；研究混合流水车间环境下以能耗优化为目标和以最大完工时间为目标的调度优化问题，在工件到达时间相同和后道工序加工顺序已经确定的情况下，在前道工序并行批处理机上进行指派调度，建立混合整数规划模型，设计一种带局部搜索的混合遗传算法进行求解，以钢铁企业轧钢工序为研究对象，通过优化结果的比较分析，一方面验证算法的有效性，另一方面总结不同协同机制下能耗和生产两类指标的特点。

本书剩余章节的安排如下：

第 2 章介绍基于机理和数据的能耗及生产指标建模方法。首先归纳间接型环节常见的生产和能耗指标模型。然后在以烧结工序为代表的直接型环节中，确定能耗模型的形式化描述方法。接着重点研究在无法通过机理描述能耗的工序中，如何通过基于历史生产数据和能耗数据的方法，建立能源介质配比与能耗之间的关联关系；以钢铁企业烧结工序为例，研究烧结工序中生产原料配比、生产状态参数以及生产操作参数与能耗间的关联关系，建立基于数据的能耗模型。最后比较不同建模方法间的模型性能差异，分析能源介质配比的改变对于能耗的影响。

第 3 章提出考虑生产约束的能源消耗协同优化机制。首先提出以烧结配料为代表的直接型环节协同优化问题的研究框架；然后利用基于数据的方法建立烧结原料配比和生产参数与能耗指标和转鼓指数指标的关联模型，并基于此给出协同优化模型的目标函数和约束的一般形式；接着在模型简化和求解阶段，对模型进行线性化处理，并将生产参数常量化；最后研究典型工况下协同优化模型的性能。

第 4 章研究考虑能耗约束的生产调度协同优化机制。首先针对并行批处理机组批调度问题，考虑工件尺寸、到达时间及并行机功率不同的情况，以最大完工时间为优化目标，加入总能耗约束，建立组批调度的混合整数规划模型。然后在求解过程中利用混合 GA 求解，并引入局部搜索策略，提高算法收敛速度。接着以轧辊生产企业热处理过程中的高温炉为研究对象，将混合遗传算法与普通遗传算法以及两种启发式算法作对比，验证混合遗传算法的有效性。最后分析不同能耗约束下的优化性能，从而为实际生产提供指导。

第 5 章阐述考虑能耗和生产指标的多目标协同优化机制，即同时将能耗和生产目标作为优化目标，寻找该多目标优化问题的 Pareto 优化解集。首先在第 4 章批调度确定性问题的基础上，引入加工时间、交货期和煤气热值的不确定性，建立不确定环境下气体能耗和总拖期时间的多目标混合整数规划模型；然后基于模糊逻辑重构模型；接着研究模糊环境下基于 NSGA-Ⅱ 的多目标寻优方法；最后结合钢铁热轧工序中保温坑这一高耗能批处理设备，验证模型和方法的有效性。

第 6 章进行多种协同机制的比较验证。首先在第 4 章基础上以能耗为目标，以最大完工时间为约束建立协同优化模型，通过寻优和筛选得到较优解集，以轧辊高温炉为研究对象进行研究，并与第 4 章以最大完工时间为目标，以能耗为约束的优化解集进行比较分析。然后为了进一步比较不同协同机制的表现，研究一类混合流水车间以能耗为目标、最大完工时间为约束，以及以最大完工时间为目标、能耗为约束的调度问题；利用带邻域搜索的混合 GA 求解，以钢铁企业热轧工序为研究对象，比较两种机制下的优化结果和算法性能。

第 7 章总结全书，归纳本书的创新之处，并指出今后的进一步研究方向。

第 2 章　基于机理和数据的能耗及生产指标模型

本章阐述基于机理和数据的能耗及生产指标建模方法，也为后续章节的研究提供模型基础。2.1 节首先归纳基于机理的能耗及生产指标模型，包括高能效制造领域常见生产指标和能耗指标模型，以及基于机理的烧结能耗预测模型；2.2 节提出基于数据的单一方法烧结能耗及性能指标预测模型，2.3 节提出基于数据的集成方法烧结能耗预测模型，2.4 节利用集成模型分析能源介质的改变对于能耗的影响，2.5 节总结本章研究内容。

2.1　基于机理的能耗及生产指标模型

2.1.1　基于机理的间接型环节性能指标模型

现有研究中缺乏对于高能效制造性能指标的总结和归纳，这也是本章研究的出发点。从 1.4 节综述的文献看，高能效制造相关研究的常见性能指标可按照关于生产调度的性能指标和关于能源的性能指标来归纳。

2.1.1.1　关于生产调度的性能指标

文献中常见的生产相关指标归纳如下：

(1) 最大完工时间(Makespan)，记为 $C_{\max}$。该指标由最后一个离开系统的工件的完工时间决定，使最大完工时间最小通常意味着较高的机器利用率。设有 n 个工件需要在系统中加工，每个工件的完工时间为 C_j，故有

$$C_{\max} = \max\{C_j\} \tag{2.1}$$

(2) 流水时间(Flow time)，记为 FT，又称加权总完工时间，即 n 个工件的完工时间的加权和。该目标的最小化往往意味着降低库存成本。设每个工件对应的权重为 w_j，故有

$$FT = \sum w_j C_j \tag{2.2}$$

(3) 最大拖期时间(Maximum tardiness)，记为$T_{\max}$。某些工件的加工任务存在交货期(Due date)，若在交货期之后完成则会受到一定的惩罚。而最大延迟就是用来度量违反交货期的最坏情况的指标。记每个工件对应的交货期为 d_j，每个工件的拖期时间为

T_j，则有

$$T_j = \max\{0, C_j - d_j\} \tag{2.3}$$

那么最大拖期时间可以表示为

$$T_{\max} = \max\{T_j\} \tag{2.4}$$

(4) 总加权拖期时间(Total weighted tardiness)，记为 TWT。该指标用来度量违反交货期的平均情况。故有

$$TWT = \sum w_j T_j \tag{2.5}$$

(5) 加权拖期工件个数(Weighted number of tardy jobs)，记为 WNT。该指标同样用来度量违反交货期的工件情况，不过仅关注延迟工件的个数，而不关注延迟的程度。设二元变量 U_j 表示第 j 个工件是否拖期，拖期记为 1，否则为 0，则有

$$WNT = \sum w_j U_j \tag{2.6}$$

2.1.1.2　关于能源的性能指标

Peng 和 Xu[158]综述了机械加工系统中的几类能耗模型，按照基于机理、基于经验、基于离散事件以及混合模型来划分，不过这些模型仅针对机械加工设备，与高耗能行业的能耗模型仍有差别。我们面向钢铁为代表的高耗能行业，择取文献中常见的能源相关指标：

(1) 总能耗(Total energy consumption)，记为 TEC。该指标是高能效制造中最常见的优化目标；若作为约束条件，则表示总的能源供应量上限。总能耗一般可分为两大部分，即加工能耗(记为 E_w)和非加工能耗(记为 E_u)。对于以电力作为能源物质的生产系统，设加工时的功耗函数为 $P_w(t)$，加工时间为t_w，非加工时的功耗函数为$P_w(t)$，非加工时长为t_u，则有

$$TEC = \int_0^{t_w} P_w(t)\mathrm{d}t + \int_0^{t_u} P_u(t)\mathrm{d}t \tag{2.7}$$

对于以固体燃料或气体燃料为能源物质的生产系统，假设其热值为常数 h(单位为J/kg 或 J/m^3)，燃料用量为 $g(t)$ (单位为 kg 或m^3)，则有

$$TEC = \int_0^{C_{\max}} h \cdot g(t)\mathrm{d}t \tag{2.8}$$

(2) 非装载能耗(Unload energy consumption)，记为 E_u，又称非加工能耗。该指标用来度量机器在非加工阶段的能耗，其最小化意味着总能耗的降低。非装载能耗又可分为启动(Startup)能耗、换模(Setup/Changeover)能耗、待机(Standby)能耗等。机器启动阶段功耗极不稳定，且会出现高峰值功率波，启动能耗主要在考虑开关机调度时作为与待机能耗

比较的对象，记为 E_{st}，假定启动功耗为 $P_{st}(t)$，启动时间为 t_{st}。换模能耗是指在切换模具或者冷热板坯交替出现时机器状态改变所产生的能耗，记为 E_{se}，这部分能耗在机械加工领域或钢铁企业热处理炉调度中都经常被考虑，调度时减少换模次数意味着能耗的降低，假定换模功耗为 $P_{se}(t)$，换模时间为 t_{se}。待机能耗是机器在空闲状态下保持最低运转状态所消耗的能耗，记为 E_{id}，缩短此部分能耗意味着设备利用率的提升和总能耗的下降，设待机功耗为$P_{id}(t)$，待机时长为 t_{id}，则有

$$E_u = E_{st} + E_{se} + E_{id} = \int_0^{t_{st}} P_{st}(t)\,\mathrm{d}t + \int_0^{t_{se}} P_{se}(t)\,\mathrm{d}t + \int_0^{t_{id}} P_{id}(t)\,\mathrm{d}t \tag{2.9}$$

(3) 峰值负载功耗(Peak load power)，记为 PLP。该指标常作为约束条件，用来度量系统当前最大允许的负载功率。设车间中有 m 台机器同时运转，每台机器的瞬时功耗记为 $P_i(t)$，则整个车间的峰值负载功耗约束可表示为

$$\sum_{i=1}^{m} P_i(t) \leqslant PLP \tag{2.10}$$

(4) 能源效率(Energy efficiency)，记为 η_e。能效是"能源有效输出和能源总输入的比率"，其值越大意味着能源利用率越高。该指标常通过加工能耗和总能耗的比值来表示，即

$$\eta_e = \frac{E_w}{TEC} = \frac{\int_0^{t_w} P_w(t)\,\mathrm{d}t}{\int_0^{t_w} P_w(t)\,\mathrm{d}t + \int_0^{t_{st}} P_{st}(t)\,\mathrm{d}t + \int_0^{t_{se}} P_{se}(t)\,\mathrm{d}t + \int_0^{t_{id}} P_{id}(t)\,\mathrm{d}t} \tag{2.11}$$

(5) 能源成本(Energy cost)，记为 EC。该指标常作为目标函数，在分时电价下或可变能源单价下用来度量系统能耗成本。设能源单价函数为 $f(t)$，则 t 时刻的能源成本为在该时刻所有机器的功耗之和与能源单价的乘积，则有

$$EC = \int_0^{C_{\max}} f(t) \cdot \sum_{I=1}^{m} P_i(t)\,\mathrm{d}t \tag{2.12}$$

上述生产指标和能耗指标是间接型环节现有文献中最常考虑的指标，后续章节的间接型环节高能效制造研究将从中选择合适的指标进行考察。需要说明的是，上述指标模型的表达会依具体问题略有变化。相比之下，直接型环节的能耗建模往往更为复杂，由于能量流与物料流的高耦合性，能耗模型的建立往往需要结合具体生产背景。烧结工序是典型的直接型环节，也是钢铁企业耗能最大的工序之一，下一节我们通过工艺分析阐述其能耗机理建模的复杂性。

2.1.2 基于机理的直接型环节能耗预测模型

钢铁生产是全球公认的高耗能过程[46,159]。我国是世界上最大的钢铁生产国，全球市场份额超 50%，2020 年粗钢产量首次突破 10 亿吨(1 064.7 百万吨)[16]。相应地，中国钢铁生产所消耗的能源极其巨大，钢铁企业迫切需要提高能源利用效率。烧结工艺是钢铁生产中

的重要一环，该工艺是将富铁原料（如铁精矿、氧化铁皮、瓦斯灰）连同燃料（如焦粉、洗精煤）和附加熔剂（如石灰石、白云石）一起转化为一种多孔结构的烧结矿，以便在高炉中炼铁使用。烧结工序能耗占钢铁公司总能耗的 8%～10%，是炼铁中的主要耗能工序之一。基于此，很多工作致力于烧结工序的节能减排，比如考虑能耗的烧结配料优化[160]。然而，我国的烧结工艺能耗水平还较为落后，国内企业间的能耗水平差异也很大。为提高能效，烧结能耗建模显得尤为重要[27]。

如图 2.1 所示，烧结过程开始于原料的准备和配料。这里的原料包含混匀矿、熔剂（主要是生石灰）、工厂内部的冶金废料、燃料和烧结过程的返矿等。这些原料经由混合鼓加水混合形成满足生产要求的团块，然后连续不断地运送到烧结机的台车上。与此同时，在台车底部会先铺上一层底料（通常这层铺底料主要是热返矿），料层的总厚度一般在 500～800 毫米。在开始烧结时，料层的顶部由一个燃气或燃油的点火装置点燃，台车不断向前移动的同时，下方的抽风机带动空气自上而下地流动，使得料层中的燃料逐渐向下燃烧。通过控制台车速度和点火煤气的流量确保料层刚好在卸下台车的时候烧穿。烧结过程结束后，块状的烧结矿经由破碎机破碎成理想尺寸的烧结矿。经过初筛，小于 5 毫米的烧结矿被运至喂料区作为铺底料使用，其余的经过冷却和二次筛分，大于 5 毫米的烧结矿将运至高炉炼铁。在投入高炉前，烧结矿还要再次过筛，不满足尺寸要求的部分连同二次筛分得到的冷返矿一起被送至原料区回收利用，再次烧结。

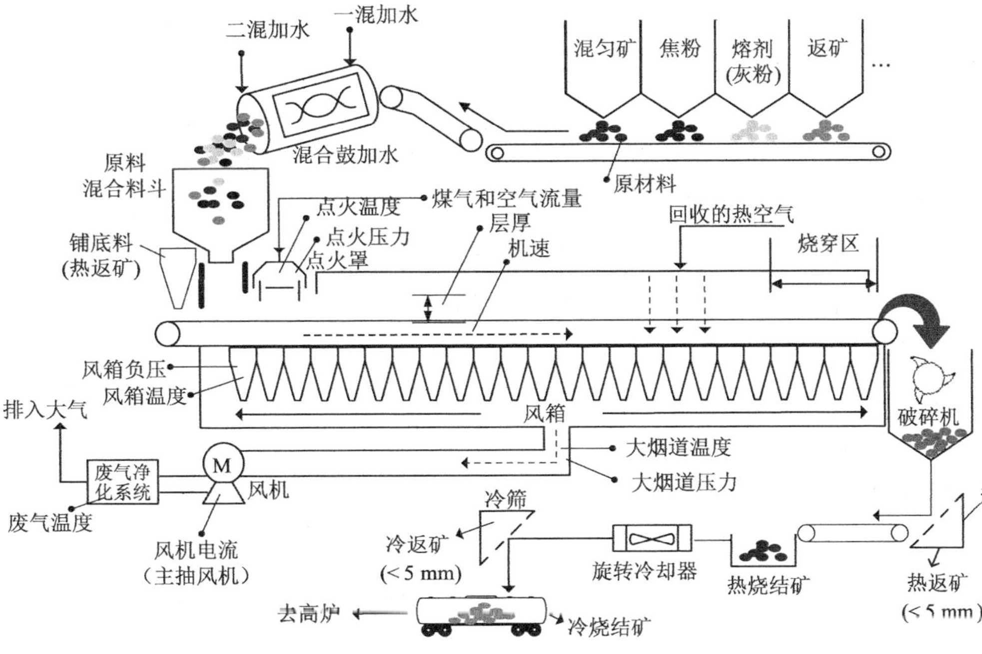

图 2.1　烧结工艺流程示意图[161]

从上述分析可以看出，烧结过程中的能源主要来自固体和气体燃料。固体能源物质主要是焦粉，而气体能源物质主要是 COG 和 BFG。单位固体能耗（Specific solid energy consumption，SEC）和单位气体能耗（Specific gas energy consumption，GEC）可以表示为

$$SEC=\frac{m_{coke}\times 10^3}{\sum_{i=1}^{n} m_i(1-d_i)-m_{return}} \tag{2.13}$$

$$GEC=\frac{m_{gas}}{\sum_{i=1}^{n} m_i(1-d_i)-m_{return}} \tag{2.14}$$

其中，m_{coke} 和 m_{gas} 表示焦粉（以吨为单位）和煤气（以立方米为单位）一天所消耗的量；m_i（以吨为单位）表示第 i 种输入原材料的量；d_i（以吨为单位）表示第 i 种原材料的烧损率；m_{return}（以吨为单位）表示当天的返矿量。可以看出，式(2.13) 和式(2.14) 分母相同，都表示的是当天烧结矿的总产出量。假设两种燃料（即焦粉和混合煤气）的热值保持恒定，其热值单位分别为 MJ/kg 和 MJ/ m^3，那么可以用质量或者体积表示能耗，并且 SEC（单位是 kg/t）和 GEC（单位是 m^3/t）都反映了各自能源质量或体积的比率。很显然，由于烧损和返矿的存在，单位能耗不简单是焦粉或煤气用量和原料总量的比值。同时，每种原料的烧损率并不恒定，它们会根据燃烧的程度有所变化。此外，由于受到点火温度、台车速度等众多因素的影响，返矿量也很难预测。从现有文献中还未见利用机理分析的方法预测返矿量，故烧结过程能耗机理建模极具挑战。

从烧结的生产数据上看，烧结过程的很多因素影响能耗，这些因素可以分成三类：配料参数、状态参数和操作参数。配料参数包括主原料、熔剂和生产介质。主原料是指混匀矿、焦粉、瓦斯灰、炉渣和返矿；熔剂是指石灰石（灰粉）、生石灰（生灰）、白云石（云粉）；而生产介质是指混合水、冷却水和煤气。这些配料参数在烧结过程开始之前就已知。状态参数与系统的生产状态相关，例如，风箱温度和负压、大烟道煤气温度和负压、废气温度等。这些参数可由传感器测量得到。操作参数是在点火前设定的参数，包括台车速度、料层厚度、混合鼓加水量、点火煤气量和空气量、点火温度和压力、冷却水流量。这些操作参数假定在烧结开始前都已设定好。

需要指出的是，假定所有原料的品质成分保持恒定，上述参数中大部分以天为单位记录；而有一些参数以小时为单位记录，比如风箱温度，这意味着这些参数每天有多条记录值，为了便于建模分析，我们将这些多条记录值的参数取平均作为当天的参数值。对于某些缺失的数据，采用中位数法补全参数。因此，假定参数的总个数为 n，那么每一条样本就是一个 n 维空间向量。对烧结原始数据进行上述结构化处理后得到的数据结构如表 2.1 所列。

表 2.1　烧结过程的原始数据(结构化处理)

时间	混匀矿(t)	焦粉(t)	云粉(t)	生灰(t)	…	风箱温度 ＃1 (℃)	风箱温度 ＃2 (℃)	物料流量 PD-1(t/h)	…	台车速度(m/min)	点火温度 ＃1(℃)	点火温度 ＃3(℃)	…	烧结矿产量 (t)	煤气消耗 (m^3)	转鼓指数 (%)
1 月 1 日	10 437	771	834	653	…	122.75	181.50	71.21	…	2.4	1 106.75	990.25	…	11 642	28 941	78.16
1 月 2 日	9 290	696	752	569	…	143.33	208.24	64.95	…	2.3	1 089.88	980.58	…	10 402	27 635	78.27
1 月 3 日	8 449	675	726	550	…	152.50	217.83	67.04	…	2.2	1 149.21	995.25	…	10 883	27 474	78.02
…	…	…	…	…	…	…	…	…	…	…	…	…	…	…	…	…
1 月 31 日	10 406	775	782	572	…	105.17	144.17	66.30	…	1.8	1 099.13	1 103.5	…	11 828	29 047	78.11
…	…	…	…	…	…	…	…	…	…	…	…	…	…	…	…	…
12 月 1 日	6 115	431	232	296	…	107.14	150.07	93.71	…	1.8	970.71	807.50	…	7 744	18 987	78.20
12 月 2 日	4 468	341	369	188	…	111.64	182.09	79.18	…	1.6	883.88	712.00	…	5 166	15 382	78.00
12 月 3 日	9 139	685	767	405	…	124.61	190.35	82.50	…	1.6	1 284.29	1 013.63	…	11 950	29 095	78.07
…	…	…	…	…	…	…	…	…	…	…	…	…	…	…	…	…

2.2 基于数据的单一方法能耗及生产指标预测模型

烧结作为钢铁企业中主要的耗能工序之一，研究其能耗模型对烧结工序乃至钢铁企业的节能降耗都具有重要意义。同时，烧结工序为高炉炼铁提供主要原料，与后续生产的产量、质量有着密切关系，因而研究和预测烧结矿的物理化学指标也具有重要意义。本节将从能耗和物理化学指标预测建模的角度展开讨论。

从能耗预测的角度来看，烧结工序中固体燃料消耗占 75%～80%，是烧结降耗的一个主要方向[50]。烧结工序的能耗主要由配料参数和过程的相关参数（状态参数和操作参数的合称）决定，研究这些参数的优化配比可以提高能源效率，而这一优化模型的建立需要一个可以准确预测烧结能耗的预测模型作为前提，预测模型的输入就是这些配料参数和过程相关参数。从 2.1 节可知，烧结过程具有非线性、大滞后、参数众多且耦合严重的特点，能耗的机理模型目前难以建立，近年来，基于机器学习的数据驱动能耗预测模型作为一种新途径受到重视[50,162-163]。少量的一些文献已经开始利用 BP 神经网络（Back propagation neural networks）[164-166]和 RBF 神经网络（Radial basis function networks）等[167]人工神经网络（Artificial neural network，ANN）的方法，通过历史数据挖掘输入变量和能耗之间的关系。这些模型通常使用单一的学习算法，普遍存在的问题是预测精度不够令人满意，训练时间较长。

从性能指标预测角度来看，烧结工艺的性能指标可以分为生产指标、质量指标和化学指标三类。通过文献查阅发现，这方面的研究相对丰富，大致可分为机理模型和数据驱动模型两类。有学者尝试利用过程机理模型预测烧结矿产品的品质。例如，基于多阶段理论[161]和有限差分法[168]建立烧结机理分析模型，以全面模拟烧结过程并预测多种性能指标[169-170]。然而，由于烧结过程的内在机理十分复杂，机理建模极具挑战。上述机理模型一方面要么做出很多假设以简化模型复杂性，但这往往使模型与实际情况相差甚远；另一方面，要么又过于还原实际烧结过程的复杂机理模型，因而存在众多未知参数需要估计。在这种情况下，由于参数值的确定缺乏理论指导，这些参数往往采用试凑法或者交叉验证法得到。综合这些原因，机理模型在实际应用中精度普遍不高。

近年来，应用数据挖掘的方法进行烧结矿性能指标预测建模正被广泛接受。目前，BP 神经网络[162-163]、模糊神经网络[171]、灰色神经网络[172]等人工神经网络的方法已有应用。神经网络参数确定是影响模型精度的关键问题，故又有自适应遗传神经网络[64]等方法用于网络参数调整。然而，已有的这些研究存在以下问题：①模型需调参数多，建模过程在调参上耗费大量精力，不利于模型应用推广；②模型考虑的输入属性过少，未考虑主要的操作参数和状态参数；③训练速度慢，容易陷入局部极小，对学习参数的选择敏感。

人工神经网络不仅在烧结能耗和烧结矿性能指标的预测问题上有所应用，在其他领域也得到广泛应用，例如预测车削过程中刀具的磨损[173]，预测热轧过程的温度[174]等。综合分析很多预测建模案例表明，使用 SVR 的效果要优于人工神经网络，例如预测电机轴偏差[175]，预测切削力[176]等。SVR 的优势之一是其良好的泛化性能，即使对于小样本数据。其原因是因为 SVR 方法考虑的是结构风险最小化，其中包括了经验风险（Empirical risk）最小化和 VC 维（Vapnik-Chervonenkis dimension）理论[177]，这一构思可以避免"维度灾难"。基于以上分析，本节将利用回归型支持向量机方法研究烧结矿能耗及性能指标的预测模型，探究两种建模模式，在获取典型钢铁企业烧结生产历史数据的基础上，从预测精度和时间效率上比较其与多种建模方法效果的优劣，对模型预测结果进行分析探讨。

2.2.1　SVR 预测建模原理

支持向量机（Support vector machine，SVM）是一种可训练的机器学习方法，其基础是 Vapnik[178]创建的统计学习理论（Statistical learning theory，STL），主要用于解决分类、模式识别等问题。为了利用 SVM 解决回归拟合方面的问题，Vapnik 等人在 SVM 分类的基础上引入了 ε 不敏感损失函数，从而得到了 SVR，且取得了很好的效果。SVM 用于回归拟合分析时，其基本思想不再是寻找一个最优分类面使得两类样本分开，而是寻找一个最优分类面使得所有训练样本离该最优分类面的误差最小[179]。

不失一般性，设含有 l 个训练样本的训练集样本对为 $\{(x_i, y_i), i=1, 2, \cdots, l\}$，其中，$\boldsymbol{x}_i(\boldsymbol{x}_i \in \boldsymbol{R}^d)$ 是第 i 个训练样本的输入列向量，$\boldsymbol{y}_i=(y_i^1, y_i^2, \cdots, y_i^d)^{\mathrm{T}}$，$\boldsymbol{y}_i \in \boldsymbol{R}$ 为对应的输出值。设在高维特征空间中建立的线性回归函数为

$$f(x)=\omega\Phi(x)+b \tag{2.15}$$

其中，$\Phi(x)$ 为非线性映射函数。定义 ε 线性不敏感损失函数

$$L(f(x), y, \varepsilon)=\begin{cases}0, & |y-f(x)|\leqslant\varepsilon \\ |y-f(x)|-\varepsilon, & |y-f(x)|>\varepsilon\end{cases} \tag{2.16}$$

其中，$f(x)$ 为回归函数返回的预测值；y 为对应的真实值。

类似于 SVM 分类情况，引入松弛变量 ξ_i 和 ξ_i^*，并将上述寻找 ω, b 的问题用数学语言描述出来，即

$$\begin{cases}\min \dfrac{1}{2}\|\omega\|^2+C\sum\limits_{i=1}^{l}(\xi_i+\xi_i^*) \\ s.t.\begin{cases}y_i-\omega\Phi(x_i)-b\leqslant\varepsilon+\xi_i, & i=1, 2, \cdots, l \\ -y_i+\omega\Phi(x_i)+b\leqslant\varepsilon+\xi_i^* \\ \xi_i\geqslant 0, \quad \xi_i^*\geqslant 0\end{cases}\end{cases} \tag{2.17}$$

其中，C 为惩罚因子，C 越大表示对训练误差大于 ε 的样本惩罚越大，ε 规定了回归函数的误差要求，ε 越小表示回归函数的误差越小。求解式(2.17)时，引入 Largrange 函数，并转换为对偶形式：

$$\begin{cases} \max\limits_{\alpha,\alpha^*}\left[-\frac{1}{2}\sum_{i=1}^{l}\sum_{i=1}^{l}(\alpha_i-\alpha_i^*)(\alpha_j-\alpha_j^*)K(x_i,x_j)-\right. \\ \left.\sum_{i=1}^{l}(\alpha_i+\alpha_i^*)\varepsilon+\sum_{i=1}^{l}(\alpha_i-\alpha_i^*)y_i\right] \\ s.t.\begin{cases}\sum_{i=1}^{l}(\alpha_i-\alpha_i^*)=0 \\ 0\leqslant\alpha_i\leqslant C \\ 0\leqslant\alpha_i^*\leqslant C\end{cases} \end{cases} \tag{2.18}$$

其中，$K(x_i, x_j)=\Phi(x_i)\Phi(x_j)$ 为核函数。

设求解上式得到的最优解为 $\alpha=(\alpha_1, \alpha_2, \cdots, \alpha_l)$，$\alpha^*=(\alpha_1^*, \alpha_2^*, \cdots, \alpha_l^*)$，则有

$$\omega^*=\sum_{i=1}^{l}(\alpha_i-\alpha_i^*)\Phi(x_i) \tag{2.19}$$

$$b^*=\frac{1}{N_{nsv}}\left\{\begin{array}{l}\sum\limits_{0<\alpha i<C}\left[y_i-\sum\limits_{xi\in C}(\alpha_i-\alpha_i^*)K(x_i,x_j)-\varepsilon\right] \\ +\sum\limits_{0<\alpha i<C}\left[y_i-\sum\limits_{xi\in C}(\alpha_j-\alpha_j^*)K(x_i,x_j)+\varepsilon\right]\end{array}\right\} \tag{2.20}$$

其中，N_{nsv} 为支持向量个数。于是，回归函数为

$$\begin{aligned} f(x)=\omega^*\Phi(x)+b^* &=\sum_{i=1}^{l}(\alpha_i-\alpha_i^*)\Phi(x_i)\Phi(x)+b^* \\ &=\sum_{i=1}^{l}(\alpha_i-\alpha_i^*)\Phi(x_i-x)+b^* \end{aligned} \tag{2.21}$$

其中，只有部分参数 $(\alpha_i-\alpha_i^*)$ 不为零，其对应的样本 x_i 即为问题中的支持向量。

从式(2.21)可以看出，SVR 最终的函数形式与 SVM 相同，其结构与神经网络的结构较为类似，如图 2.2 所示。输出是中间节点的线性组合，每个中间节点对应一个支持向量。与传统的神经网络相比，SVR 具有以下几个优点：①针对小样本问题提出，可以在有限样本下获得最优解；②从理论上可以得到全局最优解，解决了传统神经网络无法避免的局部最优问题；③拓扑结构由支持向量决定，避免了传统神经网络需要反复试凑的问题；④具有良好泛化能力，并解决了“维数灾难”问题。

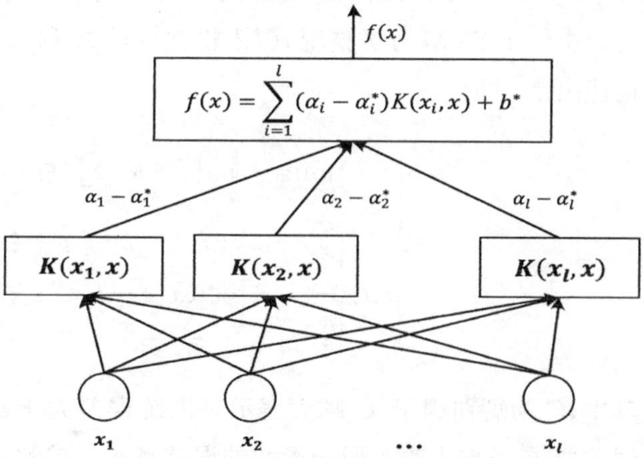

图 2.2　SVR 结构示意图

2.2.2　基于 SVR 的预测模型

2.2.2.1　基于数据预测建模的两种模式

烧结能耗及性能指标的预测中，常用的预测方法包括：多元线性回归、BP 神经网络、RBF 网络、ELM 等。这些方法大致可分为两类，对于线性回归等回归方法，每个回归模型只能对一个指标进行预测，即只能建立多输入单输出模型，称为 MISO 模式，如图 2.3(a)所示。对 MISO 模式，若要建立多个输出的预测模型，则要根据输出个数建立相应个数的 MISO 模型。而对于 BP、RBF、ELM 等神经网络，则可以直接建立多输入多输出模型，称为 MIMO 模式，如图 2.3 (b)所示。SVR 模型属于 MISO 模式，本节基于 SVR 建立预测模型，并在模式内和模式间分别建立对照模型比较验证不同建模方法的预测精度和时间效率。

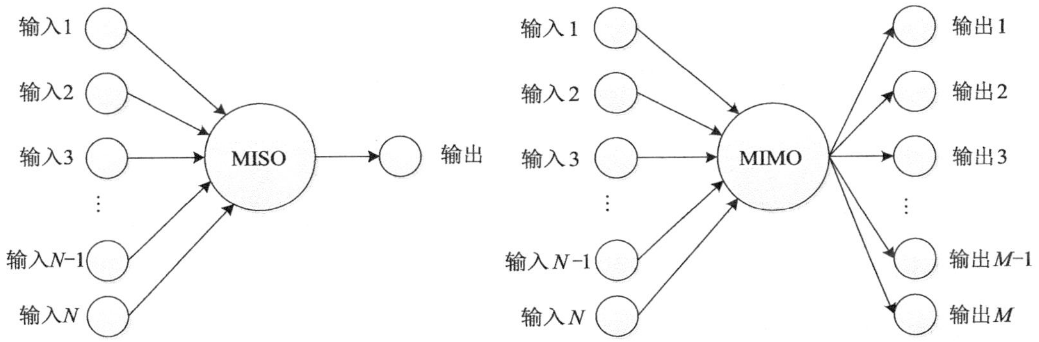

(a) MISO　　(b) MIMO

图 2.3　预测建模模式

2.2.2.2　基于 SVR 的预测模型建立

我们基于 SVR 进行预测建模，建模过程一般分为以下 5 步，如图 2.4 所示。

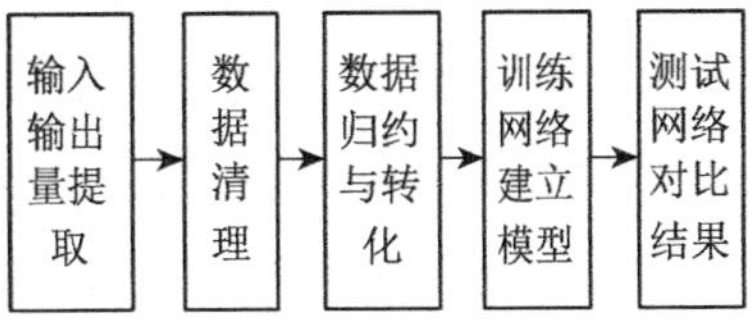

图 2.4　基于 SVR 预测建模过程

步骤 1：输入输出量提取。影响烧结工序能耗及性能指标的因素多种多样且关系复杂。不仅混合料配比值、熔剂添加量等与烧结能耗和性能指标有密切联系，一些操作参数如料层厚度、点火温度和状态参数如风箱负压等也与烧结矿的产量、质量及能耗密不可分。

步骤 2：数据清理。历史数据中异常值对模型的精度影响很大，因而离群点检测是很重要的一步。这里采用基于距离的方法进行离群点检验。

步骤 3：数据归约与转化。将原料加入量归一化，转换成 0—1 之间的数据，所有原料配比之和为 1。将生产参数数据转化为 0—1 之间的归一化数据，以消除单位和数量级对于模型精度的影响。

步骤 4：训练网络建立模型。将数据分为训练集与测试集，确定核函数类型及其参数和惩罚因子 C 的大小，并用训练集数据训练 SVR 模型。需要说明的是，训练集数据和测试集数据相互独立，测试集数据仅用于测试模型。

步骤 5：测试网络对比结果。用测试集测试模型精度，得到测试结果后先反归一化处理，再比较预测值与真实值之间的误差。采用 4 项指标对模型进行评价，分别是平均相对误差 MRE、最大相对误差 $E_{\max}$、均方差 MSE、决定系数 R^2。

$$MRE = \frac{1}{l}\sum_{i=1}^{l} \mid \tilde{y}_i - y_i \mid / y_i \tag{2.22}$$

$$E_{\max} = \max\{\mid \tilde{y}_i - y_i \mid / y_i\}, i = 1, 2, \cdots, l \tag{2.23}$$

$$MSE = \frac{1}{l}\sum_{i=1}^{l} (\tilde{y}_i - y_i)^2 \tag{2.24}$$

$$R^2 = \frac{\left(l\sum_{i=1}^{l} \tilde{y}_i y_i - \sum_{i=1}^{l} \tilde{y}_i \sum_{i=1}^{l} y_i\right)^2}{\left(l\sum_{i=1}^{l} \tilde{y}_i^2 - \left(\sum_{i=1}^{l} \tilde{y}_i\right)^2\right)\left[l\sum_{i=1}^{l} y_i^2 - \left(\sum_{i=1}^{l} y_i\right)^2\right]} \tag{2.25}$$

其中，l 为测试集样本个数；$y_i(i=1, 2, \cdots, l)$ 为第 i 个样本的真实值；$\tilde{y}_i(i=1, 2, \cdots, l)$ 为第 i 个样本的预测值。

2.2.3 案例研究

2.2.3.1 基于 SVR 的实例模型建立

以某年产 650 万吨钢规模的钢铁联合企业为例，选取 2010 年 1—5 月的 122 组烧结生产历史数据进行分析建模，仿真试验在 MATLAB 2013a 平台上进行。

(1) 变量选择。输入变量分为三类：原料参数、状态参数和操作参数。本例中共有 26 个输入，其中原料参数包含 8 种原料的配比值，状态参数包括南北两侧各 7 个风箱的负压值，操作参数包括 2 个点火温度，以及料层厚度和台车速度。输出变量也有三类：生产指标、质量指标和化学指标。本例中共 11 个，其中生产指标包括 SEC 和成品率(Rate of finished products, RFP)；质量指标主要指转股指数(Drum index, DI)；化学指标则是 7 种化学成分(全铁 TFe，氧化亚铁 FeO，氧化硅 SiO_2，氧化钙 CaO，氧化镁 MgO，氧化铝 Al_2O_3，硫分 S)和碱度(R)的含量。因而，需建立 11 个 SVR 子模型。模型结构如图 2.5 所示。

(2) 数据清理。为了清除数据中的噪声，采用基于距离的方法检测离群点，获得较为干净的 113 条样本。为使结果与文献[160,166]具有可比性，再从 113 条样本中随机选择 105 条，其中 90 条作为训练集，15 条作为测试集。

(3) 数据归约。对原始数据进行归一化处理，规范到[0.2, 0.8]区间。归一化公式如下：

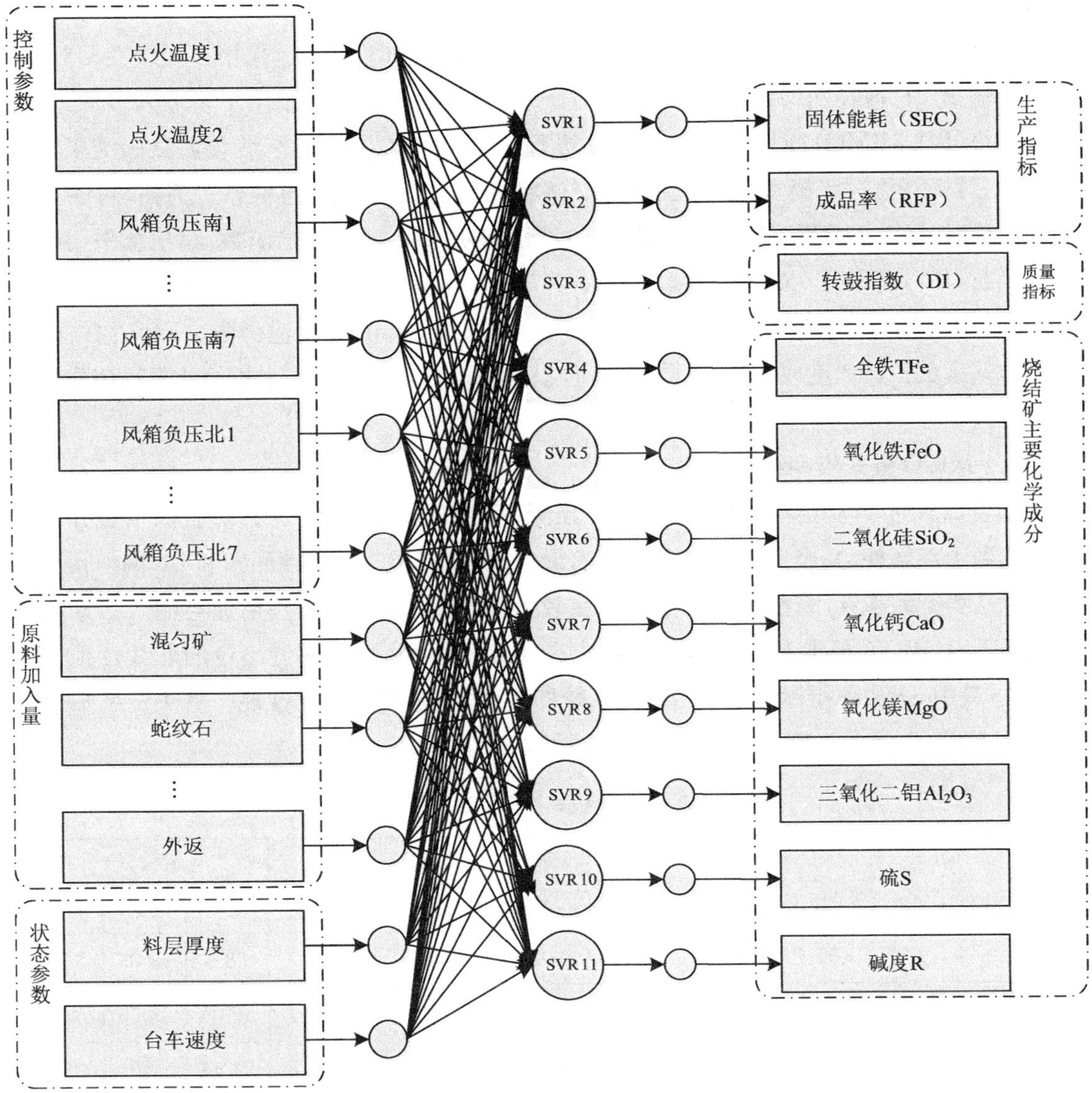

图 2.5　SVR 烧结预测模型结构图

$$\tilde{x}_i = \frac{Q_i - Q_{\min}}{Q_{\max} - Q_{\min}} a + c \tag{2.26}$$

式中，Q_i 为各输入变量的第 i 个值；$Q_{\max}$、$Q_{\min}$ 分别为该输入变量中的最大值和最小值；$\tilde{x}_i$ 为归一化后该输入变量的第 i 个量；a、c 为参数，这里 $a=0.6$，$c=(1-a)/2$。

(4) 创建模型。采用 RBF 核函数，惩罚因子 C 和 RBF 核函数中的方差 g 通过交叉验证法获得。为了减少计算时间，当模型性能相同时优先选择 C 比较小的参数组合。

(5) 测试网络。SVR 模型训练完成后，利用 15 个测试样本对模型进行测试验证，反归一化，记录每个输出变量的平均相对误差、最大相对误差、均方差、决定系数等性能指标。

2.2.3.2 结果比较及分析

研究不同的模型模式下多种预测方法的性能，对于 MISO 模式，采用多元线性回归、多输入单输出 BP 神经网络(BP_MISO)作对比；对于 MIMO 模式，采用了多输入多输出 BP 神经网络(BP_MIMO)、RBF、ELM 等方法进行比较。需要说明的是，为使各试验结果具有说服力，对于其他对照模型，已通过多次凑试将模型参数调至最佳状态。例如，对于 BP_MISO 模型，每个子模型隐层节点个数为 10，隐层采用 Sigmoid 传输函数，输出层采用线性传输函数，学习速率为 0.05，训练精度为 0.001，最大训练次数为 5 000 次，采用 LM 训练函数，动量因子取 0.9。ELM 模型隐层节点数为 15，采用 Sigmoid 传输函数。RBF 网络模型中径向基函数扩展速度取为 0.3。同时，每种模型都运行 10 次，取每个指标的平均值作为最终结果。

(1) MISO 模式模型结果

如表 2.2 所示，从相对误差来看，SVR 预测平均相对误差均在 5%以内，除了硫分预测误差达到 4.78%外，其余指标均在 2%以内，最低仅为 0.18%，较线性回归和 BP 网络预测精度高。从均方差来看，线性回归各指标存在较大波动，原因在于某些指标与输入因素间线性关系不大；BP 和 SVR 模型中各指标均方差则相对平稳，这与两者出色的非线性拟合能力有关，其中 SVR 各指标均方差均维持在较低水平，表现出更优的性能。从决定系数也可以看出，SVR 中绝大多数指标要优于其他两种方法。

表 2.2 MISO 模式模型测试结果比较

指标	*MRE* (%)			E_{max}(%)			*MSE*			R^2(%)		
	LR	BP	SVR	LR	BP	SVR	LR	BP	SVR	LR	BP	SVR
SEC	3.09	2.88	1.54	10.07	7.10	4.68	0.004 7	0.002 9	0.001	88.3	69.05	86.86
RFP	1.34	2.29	1.47	5.09	7.75	2.89	0.015 2	0.012 5	0.003 1	48.05	28.66	57.22
DI	0.3	0.51	0.36	0.65	1.10	1.40	0.037 3	0.017 2	0.014 8	24.46	12.01	22.23
TFe	0.38	0.27	0.18	0.94	0.72	0.39	0.023 1	0.016 1	0.005 4	1.41	7.56	5.26
FeO	2.00	3.17	1.88	5.71	7.06	7.07	0.042 2	0.023	0.015 3	0.45	0.01	27.47
SiO_2	1.42	1.87	0.8	4.49	5.28	1.58	0.008 9	0.035 7	0.004 6	31.84	5.49	65.66
CaO	1.42	2.44	0.98	2.56	5.06	2.51	0.021 9	0.020 3	0.004 3	48.22	4.50	48.00
MgO	2.81	2.5	1.75	7.42	4.88	4.91	0.005 8	0.016 7	0.010 3	19.47	8.58	12.01
Al_2O_3	1.37	1.84	1.66	6.27	4.87	4.56	0.001 6	0.011 6	0.011 4	44.06	35.14	61.91
S	6.97	8.04	4.78	17.27	25.10	18.75	0.001	0.014	0.009	23.22	14.84	58.07
R	1.06	1.37	0.75	2.60	6.84	4.37	0.000 6	0.007 3	0.003 3	61.64	17.07	71.95

(2) MIMO 模式模型结果比较

如表 2.3 所示,BP_MIMO 是文献[166]中提出的方法,从相对误差来看,三者平均相对误差基本都在 3%以内,只有硫分相对误差偏高,这是因其实际数值较小的缘故。三者的误差相差不大,这也说明 3 种神经网络都对解决该类问题具有较好的效果。从均方差和决定系数来看,ELM 略优于其他两者。

表 2.3　MIMO 模式模型测试结果比较

指标	*MRE* (%)			E_{max}(%)			*MSE*			R^2(%)		
	BP	RBF	ELM	BP	RBF	ELM	BP	RBF	ELM	BP	RBF	ELM
SEC	2.99	2.69	2.14	4.99	5.9	4.36	0.002 3	0.002 2	0.001 6	76.4	66.69	77.27
RFP	1.56	1.51	1.17	3.62	3.58	3.3	0.005 6	0.004	0.002 4	59.86	32.45	67.85
DI	0.28	0.59	0.28	1.07	1.77	0.86	0.009	0.034	0.016 8	5.11	1.61	5.47
TFe	0.24	0.29	0.24	0.66	0.70	0.71	0.012 1	0.017 8	0.012 6	2.51	28.33	9.11
FeO	2.14	1.49	2.77	6.31	3.82	5.24	0.012 7	0.005 5	0.016 8	10.84	35.96	7.65
SiO_2	1.52	2.23	1.08	4.26	5.05	2.15	0.020 1	0.039 5	0.007 9	0.50	24.44	41.38
CaO	1.14	1.57	1.04	2.69	3.49	3.15	0.004 6	0.008 5	0.004 4	45.48	45.94	48.47
MgO	1.95	2.63	2.63	3.24	7.34	5.02	0.009 3	0.020 4	0.017 2	41.27	6.15	26.14
Al_2O_3	2.12	1.74	1.43	7.16	3.57	4.92	0.019 9	0.009 8	0.009 5	37.42	71.94	71.18
S	6.76	8.77	7.48	12.24	22.35	17.58	0.009 5	0.019 3	0.011 7	18.61	15.96	24.39
R	1.96	1.14	1.53	5.36	2.52	3.98	0.009 2	0.002 9	0.006 4	15.87	23.37	17.73

(3) 模式间对比分析

比较 MISO 和 MIMO 模式模型中性能表现最好的 SVR 和极限学习机模型,如图 2.6 所示,从平均相对误差 MRE 和均方差 MSE 这 2 项主要指标来看,SVR 和 ELM 都取得了较好的性能,SVR 有 8 个指标仍略优于 ELM,例如 SEC 提升了 0.6%,TFe 提升 0.06%,FeO 提升 0.89%。值得一提的是,S 指标的预测在 6 种方法中仅 SVR 的平均相对误差在 5%内。

(4) 时间效率分析

如图 2.7 所示,线性回归训练和测试时间最短,但模型效果不佳;两种 BP 神经网络都存在训练时间长的问题;RBF 和 ELM 时间效率都较好,其中 ELM 网络因不用调整神经元的连接权值和神经元阈值而学习速度更快。SVR 模型虽然需要建立 11 个子模型,但因其

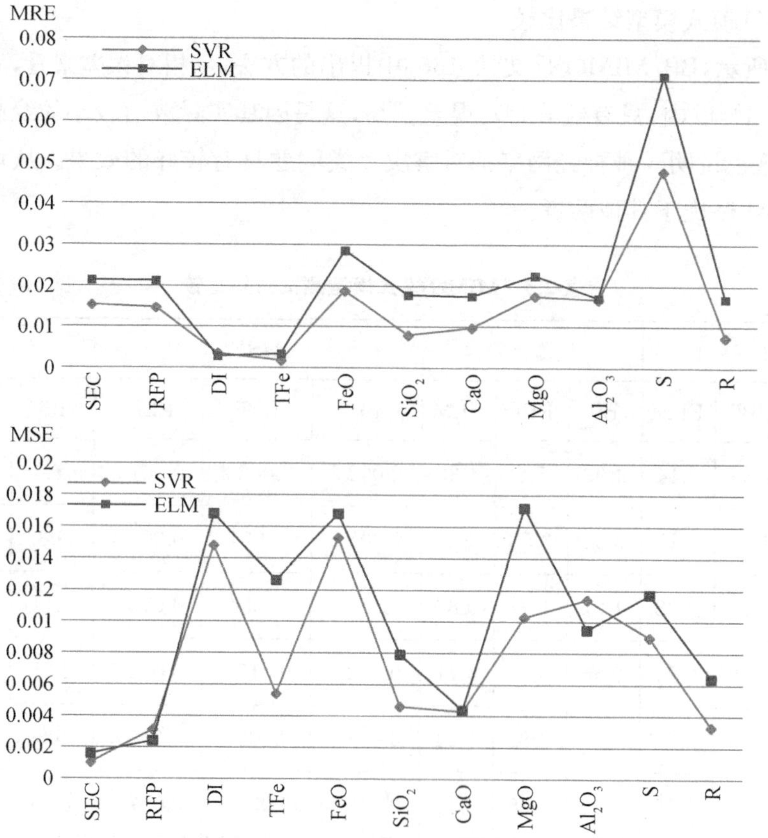

图 2.6 SVR 和 ELM 试验结果对比

拓扑结构由支持向量决定，避免了传统神经网络需要反复试凑确定网络结构的问题，其训练时间略逊于线性回归和 ELM，而测试时间仅次于线性回归法，比 ELM 要优。

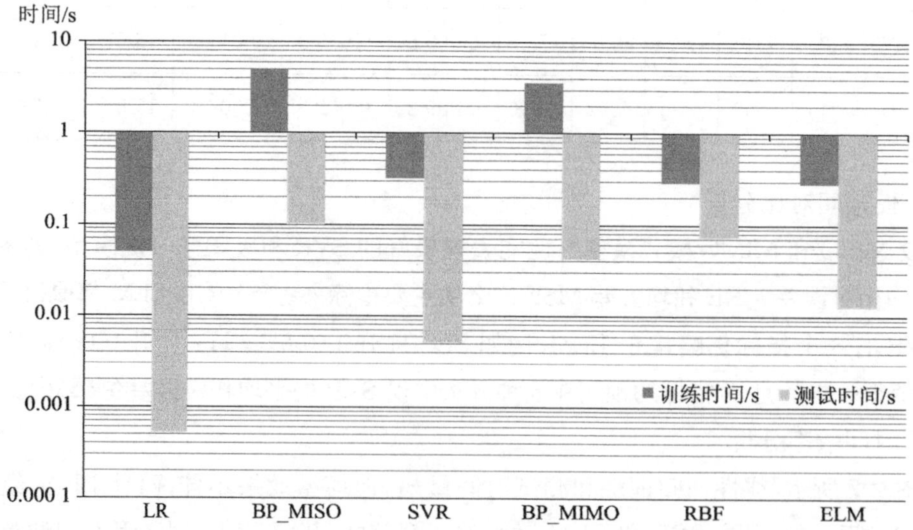

图 2.7 6 种预测模型训练测试时间比较

2.3 基于数据的集成方法烧结能耗预测模型

2.2 节将回归型支持向量机应用于钢铁企业烧结能耗及性能指标预测模型研究中，多种模型的比较研究表明，该模型较好地实现了基于实际生产数据预测烧结能耗及其性能指标的功能，然而也存在一些问题。

第一个存在的问题是预测精度，采用 SVR 单一方法预测模型，虽然提高了模型精度和时间效率，但是其在某些指标如最大相对误差方面没有 ELM 效果好；而 ELM 模型对于原始数据中的噪声较为敏感，也需要提高其模型的稳定性和精度。集成学习的方法和技术可以避免单一方法的缺陷，同时发挥不同模型的优势，获得更高的模型精度和稳定性。从目前文献来看，烧结能耗预测建模中还没有集成学习方法的应用案例。

另一个存在的问题是异常样本检测。在实际生产数据中，由于测量错误或者操作失误往往含有离群点。这些离群点的去除通常采用统计法或基于距离的方法。在某些短期生产的工作日中，由于烧结机运转小于 24 小时，所以样本中的某些数据会比全天候运转的工作日所记录的数据小，这些“伪离群点”是正常操作的数据，利用以往的方法却很容易被误判为异常值。

第三个存在的问题是特征变量的选择。由于烧结过程中很多因素都会影响能耗，因而很难通过经验选择出所有重要的属性并剔除冗余，获得一个精简有效的模型。

这三个问题是造成现有的数据驱动模型泛化能力差的主要原因，也是本节的研究动机，即提出一种行之有效的集成预测模型框架，可以有效地检测离群点，客观地选择输入变量，并且提高模型的预测精度。

考虑到烧结工序数据的特点，我们提出了烧结能耗预测模型框架。该框架分为五部分：异常值检测模块、属性选择模块、Bagging 集成模块、权重分配模块和数据库模块，如图 2.8 所示。异常值检测模块基于局部离群因子（Local outlier factor，LOF）算法，利用基于密度的方法检测原始数据集中的离群点。属性选择模块基于 RReliefF 算法，快速地选择影响能耗的重要属性。这一模块将有效减少烧结数据集的维度。Bagging 模块用于提高 ELM 和 SVR 两个单一预测模型的稳定性和泛化能力。其中子模型的个数设为大于或等于 1。如果等于“1”，则表明采用的是单一预测模型而非 Bagging 集成模型，以此作为集成模型的对照。权重分配模块基于信息熵法，该模块将评价每个 Bagging 模型的权重，并获得最终的烧结能耗预测值。数据库模块存储所有的原始烧结工序数据和所有的模型相关参数以及预测值。

2.3.1 烧结工序数据的异常值检测和属性选择

2.3.1.1 基于 LOF 的异常值检测

在烧结过程中，由于传感器失灵或者设备故障，数据可能记录错误，进而出现异常值。

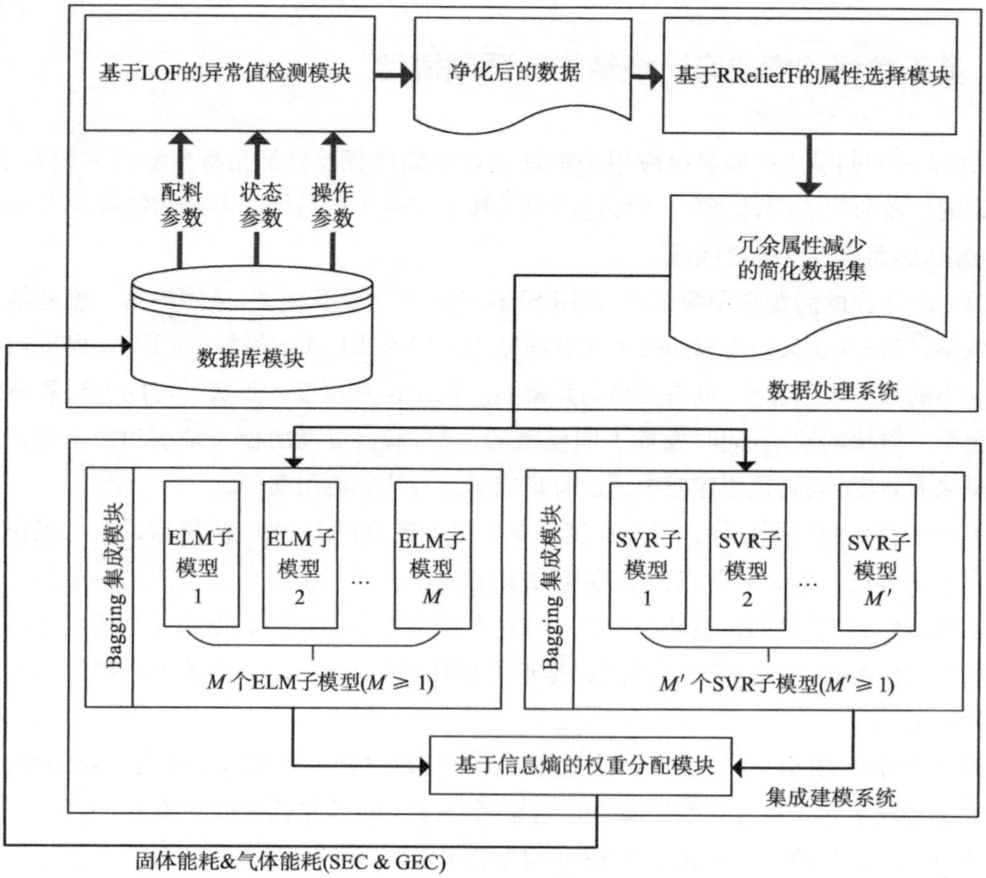

图 2.8 烧结能耗集成预测模型框架

然而，在某些天的烧结过程中，由于正常的设备检修维护，烧结机可能并非全天候生产（正常情况下烧结机 24 小时全天候运转）。在这种情况下，这些天的烧结矿产量和相应的原材料用量会比全天候运转时要少，然而这些正常记录的数据有可能被视为离群点而被剔除。基于统计的方法和其他一些方法，比如基于距离的离群点检测法通常将这些“伪离群点”剔除，这会导致数据集中有用信息的丢失。因而需要寻找一种能够剔除那些真正的离群点而保留“伪离群点”的方法。LOF 算法作为一种基于密度的方法[180]，计算每个数据点的“离群度”，而不是将“离群”看作是一个二元特性。也就是说，每个数据点都被看作是在某种程度上的一个离群点，这种离群的程度由样本点所在子聚类中局部邻域的相对密度决定。凭借诸如“可达距离”的局部性算法，LOF 不再仅仅将所有烧结数据看作一个整体，而是可以探测到子聚类中的离群点。因而，那些非全天候运转所记录的正常烧结数据不会被判为离群点；而相应地，在某些局部子聚类中的离群点将会更容易地被发现。

对于一个规模为 N 的烧结样本集，$d(p,o)$ 表示样本集中两个烧结数据样本 o 和 p 的距离（每个样本代表如表 2.1 所示的一行记录值），$k\_distance(p)$ 表示样本 p 与样本集中所有其他烧结样本的第 k 个最小距离（这里采用欧式距离）。那么，烧结样本 p 和 o 之间的

可达距离定义为

$$reach\_dist_k(p,o)=\max\{k\_distance(o),\ d(p,o)\} \tag{2.27}$$

令 $N_k(p)$ 表示样本 p 的 k 近邻样本集，也就是包含距离样本 p 不大于 $k\_distance(p)$ 的所有烧结样本。那么，烧结样本 p 的局部可达密度定义为

$$lrd_k(p)=\frac{|N_k(p)|}{\sum_{o\in N_k(p)} reach\_dist_k(p,o)} \tag{2.28}$$

这里 $|N_k(p)|$ 表示烧结样本 p 的 k 近邻样本集中的样本个数。因此，样本 p 的局部离群因子可以定义为

$$LOF_k(p)=\frac{\sum_{o\in N_k(p)}\frac{lrd_k(o)}{lrd_k(p)}}{k} \tag{2.29}$$

$LOF_k(p)$ 可以描述任一烧结样本 p 的离群程度，如果烧结样本 p 位于某一聚类中，则其离群程度近似等于 1。$LOF_k(p)$ 越大，样本 p 成为离群点的可能性也越大。也就是说，整个烧结数据可能分为若干个小的聚类，尽管有的聚类样本规模相对较大，有的则较小，落入每一个聚类的烧结样本将被看作正常数据，而那些明显不属于任何聚类的样本才有可能被看作离群点。从上面的分析可以看出，这一离群点检测方法有助于保持原始烧结数据集的多样性，同时又可剔除真正的离群点。此外，从时间效率上看，该算法最耗时的部分在于寻找样本 p 的 k 近邻样子集。因而，若采用目前最快的排序算法，即 Quicksort 算法，*LOF* 离群点检测算法的时间复杂度为 $o(N\lg N)$。

2.3.1.2　基于 RReliefF 的属性选择

烧结工艺中很多因素影响能耗，而这些因素之间的关系也未知。以往文献中这些重要的因素通常仅凭经验选择，这一主观的方法可能遗漏某些重要却又隐含的因素，同时也可能掺入某些不重要的因素。因而，利用历史数据进行客观的属性选择显得尤为必要。由于烧结数据集中的属性较多，很多基于 Wrapper 的属性选择进化算法容易陷入过拟合，并且耗费大量计算时间。与此相对，基于 Filter 的属性选择启发式算法则较为常用，如灰色关联分析[181]、主成分分析[182]，以及 RReliefF[183-184] 等。然而，灰色关联分析法的缺点是属性间关联度的评价仍是主观评判；其他方法，诸如主成分分析，要么不能显式地得到每个属性对应的权重值，要么要求原始属性相互独立。

由于以往研究中还未对烧结能耗相关的属性进行过详细清晰的阐述，并且相关属性的数目可能较多，因而有必要研究分析烧结中与固体和气体能耗相关的属性。RReliefF 作为 Relief 算法族中特殊的一种，通过分离给定邻域中的烧结样本，能够直接找到连续属性(属性取值可为连续值)与能耗之间的相关性[185]。其原理是，好的属性可以分离能耗值差异大的样本，却不分离能耗值差异小的样本。相比于其他方法，RReliefF 在属性数目较多的情

况下，可以有效地避免过拟合，并具有较高的时间效率。

对于 RReliefF 算法，首先随机选择一个烧结样本 $D_i(i=1, 2, \cdots, N)$，D_i 的 k_n 个最近邻样本组成样本集 S_k（这里仍采用欧式距离）。假设样本对应的固体/气体能耗为 $\tau(\cdot)$。根据贝叶斯理论，算法估计的属性 A 的权重 $W[A]$ 为：

$$W[A]=\frac{P_{diff\tau|diffA}P_{diffA}}{P_{diff\tau}}-\frac{(1-P_{diff\tau|diffA})P_{diffA}}{1-P_{diff\tau}}$$
$$=\frac{P_{diff\tau\&diffA}}{P_{diff\tau}}-\frac{P_{diffA}-P_{diff\tau\&diffA}}{1-P_{diff\tau}} \quad (2.30)$$

其中，$P_{diffA}=(diff(A,D_i,D_j)\mid D_j\in S_k)$ 表示烧结样本 D_i 和它 k_n 个最近邻样本之间属性 A 取值不同的概率；$P_{diff\tau}=(diff(\tau,D_i,D_j)\mid D_j\in S_k)$ 表示烧结样本 D_i 和它 k_n 个最近邻样本之间能耗 $\tau(\cdot)$ 取值不同的概率；$P_{diff\tau|diffA}=(diff(\tau,D_i,D_j)\mid diff(A,D_i,D_j), D_j\in S_k)$ 表示烧结样本 D_i 和它 k_n 个最近邻样本在已知属性 A 取值不同的情况下能耗 $\tau(\cdot)$ 取值不同的条件概率；$P_{diff\tau\&diffA}=(diff(\tau,D_i,D_j)\cdot diff(A,D_i,D_j)\mid D_j\in S_k)$ 表示烧结样本 D_i 和它 k_n 个最近邻样本之间属性 A 和能耗取值都不同的概率。这里

$$diff(A,D_i,D_j)=\frac{|value(A,D_i)-value(A,D_j)|}{\max(A)-\min(A)} \quad (2.31)$$

其中，$value(A, D_i)$ 是烧结样本 D_i 中属性 A 的值；$\max(A)$ 和 $\min(A)$ 分别表示烧结样本 D_i 和它 k_n 个最近邻样本中属性 A 的最大值和最小值。$diff(\tau(\cdot),D_i,D_j)$ 也可由类似的计算得到。

属性排好序后，便可以剔除那些与能耗相关性较低的属性。实际应用中，属性保留的个数通常由预测模型的性能决定。此外，RReliefF 算法的时间复杂度主要由寻找近邻样本的排序算法决定，由于采用 quicksort 排序算法，RReliefF 算法的时间复杂度渐进地趋近于 $o(aN\lg N)$，其中 a 是烧结样本中属性的个数。

RReliefF 算法流程如下：

步骤 1： 设 $i=1$，$j=1$。k_n 的取值范围一般为 10～20。

步骤 2： 随机选择烧结样本 $D_i(i=1,\cdots,N)$，在剩余的 $N-1$ 个样本中计算距离 D_i 最近的 k_n 个近邻样本，组成样本集 S_k。利用 quicksort 算法进行距离排序，其算法复杂度为 $o(N\cdot\lg N)$。令 $i=i+1$。

步骤 3： 在样本集 S_k 中随机选择一个样本 $D_j(j\in 1,\cdots,k_n)$，计算不同能耗取值下的权重集 $N_{diff\tau}$，$N_{diff\tau}=N_{diff\tau}+diff(\tau(\cdot),D_i,D_j)/k_n$。令 $j=j+1$。

步骤 4： 对于属性 A，计算不同属性取值下的权重集 N_{diffA}，同时计算不同能耗和属性取值下的权重集 $N_{diff\tau\&diffA}$，$N_{diffA}=N_{diffA}+diff(A,D_i,D_j)/k_n$，而 $N_{diff\tau\&diffA}=N_{diff\tau\&diffA}+diff(\tau(\cdot),D_i,D_j)\cdot diff(A,D_i,D_j)/k_n$。

步骤 5： 如果 $j<k_n$，则返回步骤 3；如果 $i<N$，则返回步骤 2；否则，对于属性 A，根据公式 (3.18) 计算每个属性权重最终的估计值，即

$$W[A]=N_{diff\tau\&diffA}/N_{diff\tau}-(N_{diffA}-N_{diff\tau\&diffA})/(N-N_{diff\tau}).$$

将所有属性按照得到的权重值降序排列，权重越大表示属性与烧结能耗的相关性越大。

2.3.2　烧结能耗集成预测模型

从前面的分析可以看出，SVR 和 ELM 在烧结能耗预测建模中具有应用潜力。不过，SVR 在建模时受细微的人工干扰较多[186]，而 ELM 对于数据中的噪声较为敏感[187]。实际上，由于环境中的不确定因素和传感器的零点漂移等原因，烧结样本难免存在噪声。以往采用单一方法的研究已经显示出这一问题，随后，很多研究致力于提高这些模型的性能[188]。在这些研究中，集成学习是一种新兴且有效的模式。Bagging 是目前机器学习中集成算法最流行的元算法之一，它在分类和回归问题中用于提升学习算法的稳定性和精确性[189-190]。另一种类型的集成算法——信息熵法，源于香农的熵理论[191]，它利用显式的和隐含的信息给不同的子模型分配不同的权重，以消除各子模型的偏差和内在方差。基于此，我们提出了将 Bagging 技术和信息熵法结合的集成模式，该模式可同时取二者之长，降低单一方法由于人工干扰和烧结数据噪声导致的过拟合的可能性，从而减少烧结能耗预测的误差。

2.3.2.1　基于 Bagging 的改进 ELM 预测模型

ELM 是另外一种有效的预测方法[192]，在其他领域中已有不少应用[193]。不同于 ANN 采用梯度下降法可能陷入局部最优，ELM 在理论上可以获得全局最优，并且在模型训练之前需要调节的参数更少。除此之外，ELM 还具有训练时间短的优点。以前的研究表明，当数据中存在噪声时，单一的 ELM 方法泛化能力不佳，常常出现过拟合的情况[194]。基于此，我们提出了一种基于 Bagging 的改进 ELM 方法(B-ELM)，该方法可以有效提升原有 ELM 算法的泛化能力。

首先简要介绍烧结数据中 ELM 的应用。考虑到 ELM 是一个单层前馈网络，设其隐含层节点数为 K，激活函数为 $g(x)$。在训练样本空间 S_{tr} 中有 N 个不同的烧结样本 $(\boldsymbol{x}_i, \boldsymbol{t}_i)$，$i=1, 2, \cdots, N$，其中 $\boldsymbol{x}_i=(x_{i1}, x_{i2}, \cdots, x_{in})^{\mathrm{T}} \in \mathbf{R}^n$ 是烧结样本中的属性向量，$\boldsymbol{t}_i=(t_{i1}, t_{i2}, \cdots, t_{im})^{\mathrm{T}} \in \mathbf{R}^m$ 是能耗向量。则属性向量和能耗向量的关系可由下式表达

$$\boldsymbol{H\beta}=\boldsymbol{T} \tag{2.32}$$

其中，$\boldsymbol{H}\{h_{ij}\}(i=1, \cdots, N, j=1, \cdots, K)$ 是隐含层输出矩阵，$h_{ij}=g(\boldsymbol{w}_j \cdot \boldsymbol{x}_i+b_j)$ 是烧结样本 $\boldsymbol{x}_i$ 在第 j 个隐层节点上的输出值；$\boldsymbol{w}_j=[w_{j1}, w_{j2}, \cdots, w_{jn}]^{\mathrm{T}}$ 是第 j 个隐层神经元和所有属性神经元(输入神经元)的连接权重，$\boldsymbol{w}_j \cdot \boldsymbol{x}_i$ 表示 $\boldsymbol{w}_j$ 和 $\boldsymbol{x}_i$ 的内积；b_j 是第 j 个隐层节点的阈值；$\boldsymbol{\beta}=[\boldsymbol{\beta}_1^{\mathrm{T}}, \boldsymbol{\beta}_2^{\mathrm{T}}, \cdots, \boldsymbol{\beta}_K^{\mathrm{T}}]^{\mathrm{T}}$ 是输出权重向量，其中 $\boldsymbol{\beta}_j=[\beta_{j1}, \beta_{j2}, \cdots, \beta_{jm}]^{\mathrm{T}}$，$j=(1, 2, \cdots, K)$ 是第 j 个隐层神经元和能耗神经元(输出神经元)的连接权重；$\boldsymbol{T}=[\boldsymbol{t}_1^{\mathrm{T}}, \boldsymbol{t}_2^{\mathrm{T}}, \cdots, \boldsymbol{t}_N^{\mathrm{T}}]^{\mathrm{T}}$ 是能耗输出矩阵。

如果激活函数 $g(\cdot)$ 无限可微，则输入权重 $\boldsymbol{w}_j$ 和隐层阈值 b_j 可以设为随机初始值，并且在学习过程中不需要改变。由此，公式(8)可以看作一个线性系统，其中的输出权重 $\boldsymbol{\beta}$ 可由

下式解得

$$\boldsymbol{\beta}=\boldsymbol{H}^{\dagger}\boldsymbol{T} \tag{2.33}$$

其中，$\boldsymbol{H}^{\dagger}$是矩阵 $\boldsymbol{H}$ 的 Moore-Penrose 广义逆矩阵。

然后，采用 Bagging 技术来增强 ELM 能耗预测模型的稳定性和泛化能力。Bagging 技术利用 Bootstrap 抽样法来建立多个 ELM 子网络，使样本空间尽可能多样化，而后通过平均法得到能耗的集成预测值。综合上述分析，我们提出的 Bagging ELM(B-ELM)的建模步骤总结如下：

步骤 1： 设 ELM 学习机子模型个数为 M。通常取 $M=10$ (If M 设为 1，表示只有 1 个 ELM 子模型，也即不加 Bagging 集成的 ELM 模型。

步骤 2： 在烧结数据集 S_{tr} 进行有放回抽样，获得每个能耗子模型的烧结样本集 S_{tr}^{c} ($c=1, \cdots, M$)。数据集 S_{tr}^{c} 的规模为 N。令 $c=1$。

步骤 3： 用烧结数据集 S_{tr}^{c} 训练相应的能耗子模型。任意设置初始输入权重 w_i 和阈值 b_j，其中 $j=1, 2, \cdots, K$。计算隐层能耗矩阵 $\boldsymbol{H}\{h_{ij}\}$($i=1, \cdots, N$, $j=1, \cdots, K$)，利用公式(3.21)计算输出权重 $\boldsymbol{\beta}$。用统一独立的测试样本集 S_{te} 验证模型精确度。需要强调的是，测试样本集的样本未在训练模型中使用过。令 $c=c+1$。

步骤 4： 如果 $c \leqslant M$，则返回步骤 3；否则利用平均法计算烧结测试样本的集成预测值，并将结果与样本能耗的真实值比较。

标准 ELM 的时间复杂度为 $o(K^2N)$，而我们提出的 B-ELM 模型的时间复杂度为 $o(K^2MN)$。需要说明的是，在实际模型中，隐层节点个数 K 和 ELM 子模型个数 M 通常远小于样本规模 N，即 $K \ll N$, $M \ll N$。基于此，虽然我们提出的 B-ELM 模型的收敛时间是标准 ELM 模型的将近 M 倍，但是鉴于标准 ELM 算法收敛速度通常很快，故在烧结能耗预测中这种时间差异并不显著。

2.3.2.2 基于 Bagging 的改进 SVR 预测模型

SVR 的一个关键要素是在 SVM 的基础上引入了一种损失函数 ε，用来找到一个最优分类面使得所有烧结样本和该分类面的误差最小[195]。SVR 在烧结中的应用原理在上一节已经详细阐述过，而基于 Bagging 的 SVR(B-SVR)的建模步骤也与 B-ELM 类似，这里不再赘述。由于 SVR 是一个强学习器，这意味着 SVR 的集成效果有待在实例中验证。这里，我们只讨论其计算成本。由于 SVR 具有 $o(N^2)$ 的复杂度[194]，则 B-SVR 的时间复杂度为 $o(M'N^2)$，其中 M' 是 SVR 子模型的个数。显然 B-SVR 会慢于 SVR。

2.3.2.3 信息熵加权集成

在得到两种类型的烧结能耗模型后，信息熵法基于预测能耗的变异度来分配权重。其基本思想是烧结样本的相对误差越大，其相应的权重就越小[196]。

每个烧结样本的相对误差可以定义为

$$e_{uq}=\begin{cases}|y_{uq}-\tilde{y}_q|/\tilde{y}_q, & 0\leqslant |y_{uq}-\tilde{y}_q|/\tilde{y}_q\leqslant 1\\ 1, & |y_{uq}-\tilde{y}_q|/\tilde{y}_q\geqslant 1\end{cases} \tag{2.34}$$

其中，e_{uq} 和 y_{uq} 分别是第 u 个能耗模型中第 q 个烧结样本的相对误差和预测能耗值，$\tilde{y}_q$ 表示第 q 个烧结样本的真实能耗值，其中 $q=1, 2, \cdots, N$，$u=1, 2$ 表示两个所提出的能耗模型。

第 u 个能耗模型的熵为

$$E_u=-\frac{1}{\ln N}\sum_{q=1}^{N} p_{uq}\ln p_{uq} \tag{2.35}$$

其中，$p_{uq}=\dfrac{e_{uq}}{\sum_{r=1}^{N} e_{ur}}$。那么，每个能耗模型的权重为

$$z_u=1-\frac{1-E_u}{\sum_{u=1}^{2}(1-E_u)} \tag{2.36}$$

因此，得到集成模型的最终烧结能耗值为

$$\bar{y}_q=\sum_{u=1}^{2} z_u y_{uq} \tag{2.37}$$

信息熵法仅具有 $o(N)$ 的时间复杂度。因此，我们所提出的集成模型总的时间复杂度为 $o(N\log N+aN\log N+K^2MN+M'N^2+N)$，其可以简写为 $o(M'N^2)$。这意味着 B-SVR 是集成模型中耗费时间最长的环节。

2.3.3 案例研究

某钢铁企业年产钢量 650 万吨，其烧结厂年产烧结矿 836 万吨，有两条烧结生产线。为了验证所提出的集成模型的有效性，我们选取其中一条生产线的数据(另一条生产线与此生产线相互独立，其验证结果与该生产线结果类似)。数据包括 311 个工作日(从 1 月 1 日到 12 月31 日)，故共有 311 条样本。每条样本包含原材料、生产指标、生产线设备状态等信息(共 73 个属性)，以及两个能耗指标 SEC 和 GEC。所有的 73 个属性(包括 12 个配比参数，44 个系统状态参数和 17 个操作参数)根据各自特性归纳和分组，如表 2.4 所示。大部分属性也显示在图 2.1 中。需要注意的是，表 2.4 的最后一列表示的是对应小组的属性个数。例如，由于在台车下游 2 排抽风机，每排包含 8 个风箱，故在每条烧结样本中总有 16 个风箱负压记录。

表 2.4　烧结能耗影响因素

参数	内容	单位	数目
配料参数	主要原材料	t	6
	熔剂	t	3
	生产介质	m^3 或 t	3

（续表）

参数	内容	单位	数目
状态参数	风箱温度	℃	14
	风箱负压	Pa	16
	大烟道煤气温度	℃	2
	大烟道负压	Pa	2
	废气温度	℃	1
	物料流量	t/h	8
	OG 泥流量	t/h	1
操作参数	台车速度	m/min	1
	料层厚度	mm	1
	混合水用量	t/h	2
	点火煤气和空气流量	m^3/h	5
	主风机电流	A	2
	点火温度	℃	3
	点火压力	kPa	3

原始数据集首先经过 LOF 算法去除离群点。接着，利用 RReliefF 算法根据权重排序选出最相关的属性。排在前十位的属性如表 2.5 和表 2.6 所示。对于 SEC，得到的前五个最相关属性是：①焦粉；②云粉；③混匀矿；④点火温度＃3；⑤传送带 1S-1 物料流量（将物料送至原料混合料斗）。对于 GEC，它们是：①传送带 PD-1 物料流量（运输热返矿铺底料）；②点火温度＃3；③冷却水流量；④＃1 管煤气流量；⑤点火温度＃2。这些识别出的最相关属性得到了工厂管理者的认同。

表 2.5　SEC 最相关的前十位属性权重值

属性	权重（10^{-2}）	排名
焦粉	3.215 9	1
云粉	2.531 5	2
混匀矿	2.136 7	3
点火温度＃3	2.122 6	4
传送带 1S-1 物料流量（将物料送至原料混合料斗）	2.085 2	5
传送带 PD-1 物料流量（运输热返矿铺底料）	1.973 7	6

（续表）

属性	权重（10^{-2}）	排名
点火温度＃2	1.807 1	7
＃6 南侧风箱温度	1.769 5	8
＃3 南侧风箱负压	1.572 9	9
＃1 主风机电流	1.500 6	10

表 2.6　GEC 最相关的前十位属性权重值

属性	权重（10^{-2}）	排名
传送带 PD-1 物料流量(运输热返矿铺底料)	3.435 3	1
点火温度＃3	3.291 5	2
冷却水	3.110 7	3
＃1 管煤气流量	2.865 5	4
点火温度＃2	2.658 2	5
总管煤气流量	2.576 8	6
混匀矿	2.517 2	7
点火温度＃1	2.507 2	8
焦粉	2.409 7	9
云粉	2.270 4	10

需要指出的是，模型中所有参数都通过交叉验证法进行优化选取，所有模型中都进行了异常值检测和属性选择。经过反复试验，对于异常值检测，LOF 的阈值 θ 设为 1.3，筛选出 311 个样本中的 286 个。然后随机选择其中的 229 个(80％)样本作为训练数据集，剩余的 57 个样本作为测试数据集(需要强调的是测试数据集与训练数据集相互独立，不用于训练模型，仅用于验证训练好的模型)。每个模型运行 30 次，将所有结果的平均值作为“最终结果”。对于属性选择，在进行 RReliefF 后保留的属性个数 η 设为 30(θ 和 η 的其他的参数组合得到的结果类似)。在用训练数据训练能耗模型后，测试数据对训练好的模型进行验证。如图 2.9 所示，绝大多数情况下，预测值和相应的真实值非常接近，这也说明了所提出的集成模型的有效性。为了进一步验证和比较模型的精确度和性能，我们选用了以下四个常用的评价指标进行说明。

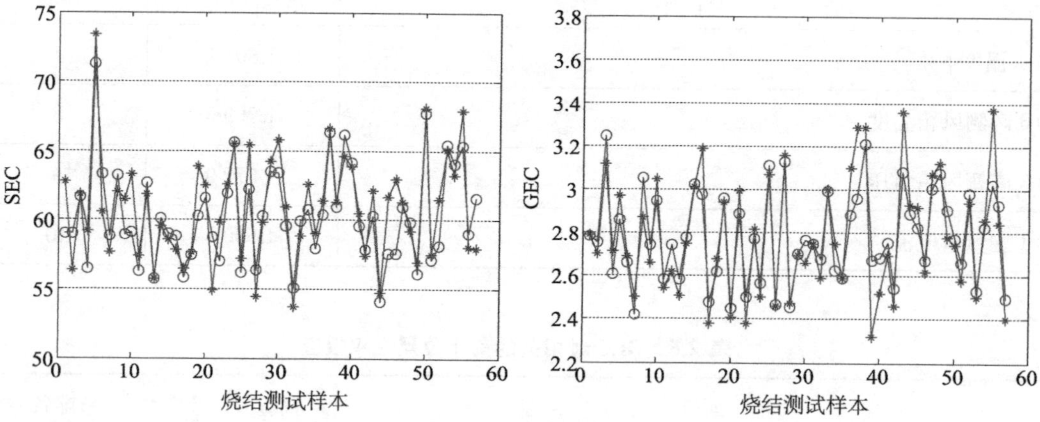

图 2.9　测试样本的预测值和真实值比较

注：对于 SEC（单位 kg/t）和 GEC（单位 m^3/t），圆圈和星号分别代表预测值和真实值

$$\text{平均相对误差：} MRE = \frac{1}{L}\frac{\sum_{t=1}^{L} |\bar{y}_t - \tilde{y}_t|}{\bar{y}_t} \tag{2.38}$$

$$\text{残差平均值：}\quad e = \frac{1}{L}\sum_{t=1}^{L} |\bar{y}_t - \tilde{y}_t| \tag{2.39}$$

$$\text{最大误差：}\quad E_{\max} = \max\{|\bar{y}_t - \tilde{y}_t|\} \tag{2.40}$$

$$\text{精准度：}\quad P_r = \left(1 - \frac{\sigma}{\frac{1}{L}\sum_{t=1}^{L}\tilde{y}_t}\right) \times 100\% \tag{2.41}$$

其中，$\bar{y}_t$ 和 $\tilde{y}_t$ 分别表示样本 t 的预测值和真实值；L 是测试样本空间 S_{te} 的规模；σ 是标准差：$\sigma = \sqrt{\frac{1}{L}\sum_{t=1}^{L}(\bar{y}_t - \tilde{y}_t)^2}$。公式(2.41)表示模型预测的无量纲归一化精度指标。

2.3.4　能耗模型的性能评价

为了验证模型的有效性，我们将提出的集成模型（简称 Int. Model）与 ELM、B-ELM、SVR、B-SVR 模型进行了比较。如图 2.10 和图 2.11 所示，Int. Model 的平均相对误差比其他四种模型低。其他评价指标如 e 和 P_r 也在不同程度上显示出了 Int. Model 的优势。这些结果表明了我们所提出的集成模型的有效性。需要说明的是，由于 $E_{\max}$ 是由两个子模型归一化加权求和得到，所以 Int. Model 的 $E_{\max}$ 介于其子模型 B-ELM 和 SVR 之间是合理的，见[式(2.40)]。

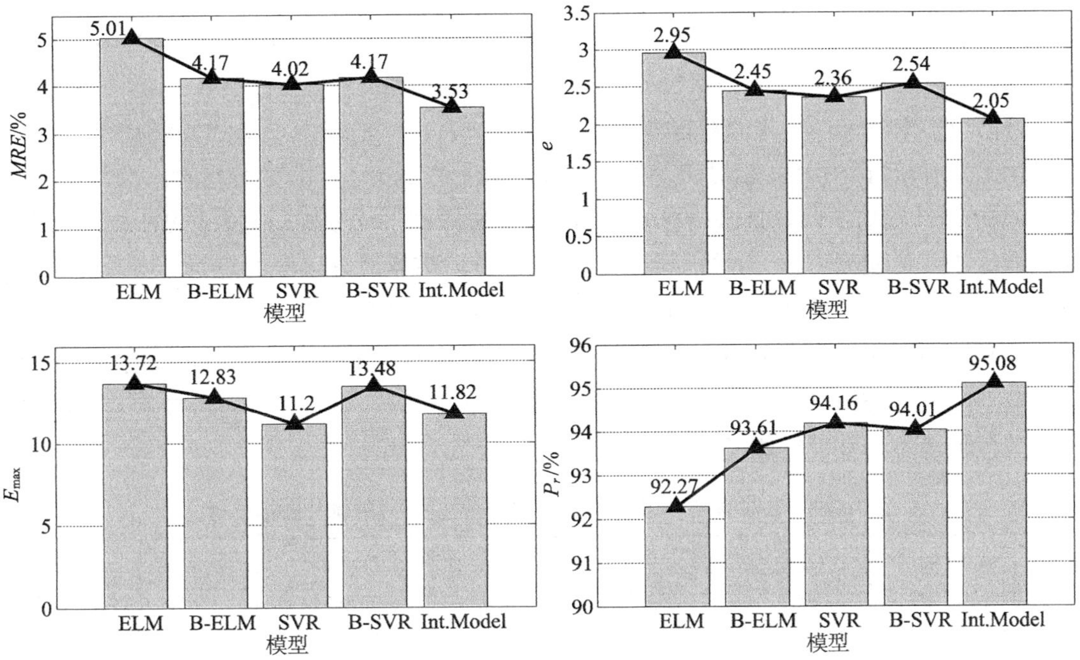

图 2.10　不同模型的 SEC 预测性能评价（$\theta=1.3,\eta=30$）

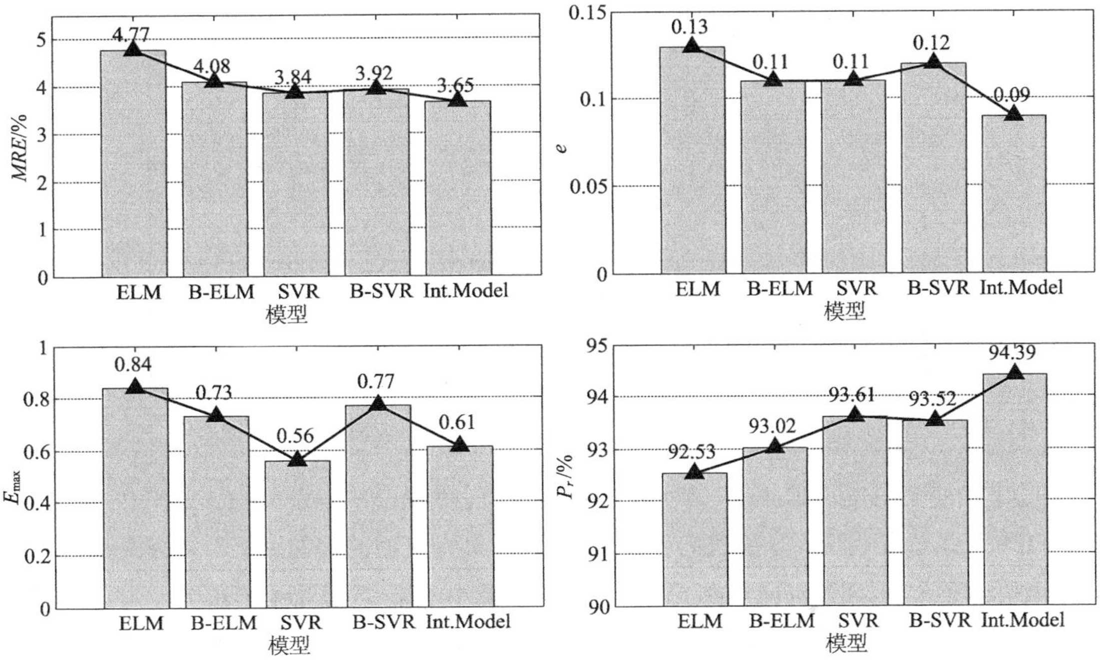

图 2.11　不同模型的 GEC 预测性能评价（$\theta=1.3,\eta=30$）

从图中还可以看到，ELM 经过 Bagging 集成后预测性能获得显著提升，而 SVR 在 Bagging 集成后反而恶化。其原因是 SVR 模型的精确度是由支持向量（Support Vectors,

SVs)决定,而在子模型进行 Bootstrap 抽样时可能会丢失一些重要的样本,这些样本原本应该成为支持向量,因而导致子模型的精度降低。由此,我们提出的 Int. Model 选择了 B-ELM和 SVR(而不是B-SVR)作为两个子模型进行最终的信息熵加权。

同时,如表 2.7 所示,我们对模型的相对误差[式(2.38)]进行了描述性统计学分析,其中显示了几种统计学指标:相对误差的采样平均值[式(2.38)]、相对误差的标准差、平均相对误差的 95%置信区间。这些指标,尤其是较小的样本平均残差值,反映出所提模型的总体性能优于其他模型。表 2.7 的最后一列显示了验证模型拟合优度的配对 t 检验结果。配对 t 检验的零假设是模型预测值和真实值差异为零。从结果上看,所有的 p -值大于 0.05,故没有足够的证据推翻原假设。换言之,模型能耗的真实值和预测值之间没有显著差异。根据模型的统计分析可以得出,Int. Model 的性能优于其他模型,并且能够较好地利用烧结过程的各种动态信息进行能耗预测。

表 2.7 集成模型 *SEC* 和 *GEC* 的相对误差(%)的统计指标分析

指标	模型类型	样本数目	样本均值	样本标准差	95%置信区间下界	95%置信区间上界	配对 t 检验 p -值
SEC	Int. Model	57	3.53	4.19	2.26	4.62	0.403 0
	B-SVR	57	4.17	6.23	2.27	6.03	0.302 3
	SVR	57	4.02	5.30	2.39	5.65	0.361 4
	B-ELM	57	4.17	5.67	2.44	5.90	0.323 2
	ELM	57	5.01	5.81	3.24	6.78	0.237 4
	线性回归	57	6.67	7.56	4.64	8.97	0.152 5
GEC	Int. Model	57	3.65	6.36	1.70	5.59	0.458 8
	B-SVR	57	3.92	7.20	1.72	6.10	0.322 8
	SVR	57	3.84	6.97	1.71	5.97	0.403 4
	B-ELM	57	4.08	7.11	1.91	6.25	0.340 3
	ELM	57	4.77	7.61	2.45	7.09	0.253 7
	线性回归	57	6.59	9.74	3.62	9.56	0.144 5

为了验证 LOF 和 RReliefF 算法的有效性,图 2.12 显示了 Int. Model 采用和不采用这两种方法下的性能表现。这里我们仅展示了 SEC 集成模型的性能,GEC 集成模型具有相似的结果故省略。如图 2.12 所示,"I.Model"表示既不采用 LOF 也不采用 RReliefF 的 Int. Model;"I.M.RReliefF"表示仅采用 RReliefF 却不采用 LOF 的 Int. Model;"I.M.LOF"表示仅采用 LOF 却不采用 RReliefF 的 Int. Model;而"I. M. L. R"表示既采用 LOF 也采用 RReliefF 的 Int. Model。从图中可以看出,LOF 和 RReliefF 都有助于提升 SEC 集成模型的预测性能,而且 RReliefF 比 LOF 提升的效果更为显著;而当两者结合在一起使用时,模型性能获得了最大的提升。需要说明的是,图中 LOF 的阈值设为 1.3,RReliefF 属性数目

选为 30，当这两个参数取其他值时得到的结论也相似。

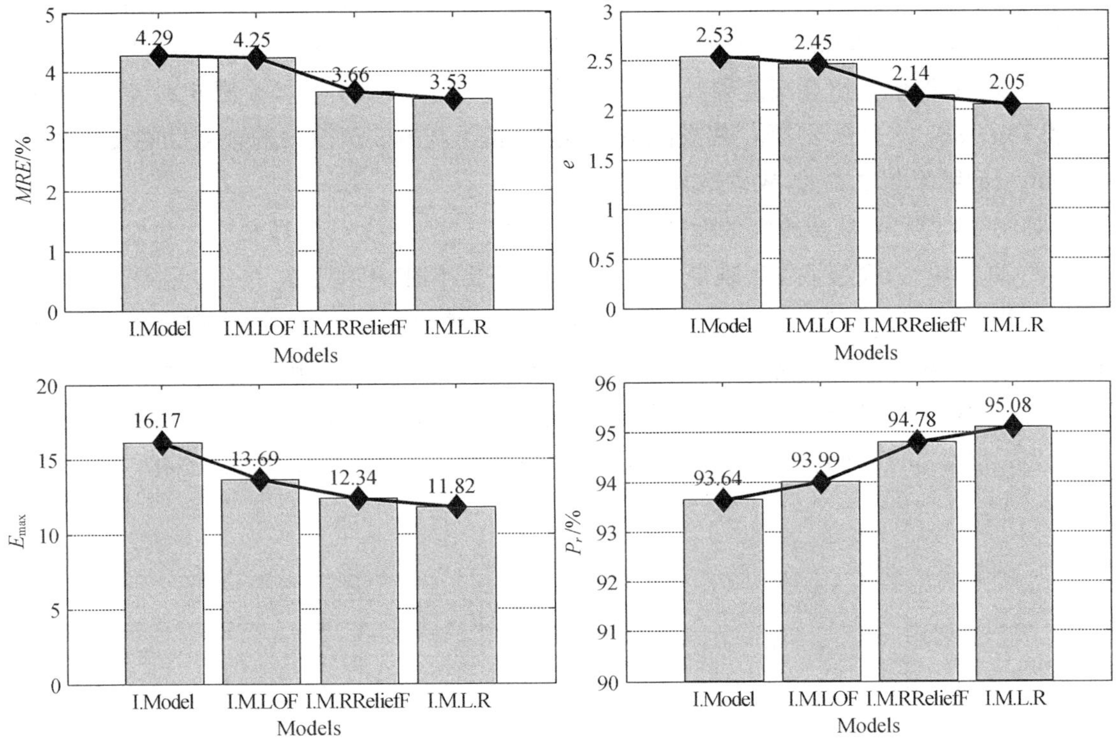

图 2.12　SEC 在不同模型模式下的性能指标评价

注：对于"I.M.LOF"，θ 设为 1.3；对于"I.M.RReliefF"，η 设为 30；对于"I.M.L.R"，$\theta=1.3$，$\eta=30$。每种情况下各运行 30 次求平均值

至于我们所提集成模型的计算成本，正如前面分析过，B-ELM 不需要调整网络中的权重，因而具有很快的训练速度，而 LOF 和 RReliefF 同样也具有较高的时间效率。故而集成模型的时间性能主要依赖于 SVR。如表 2.8 所列，所有的计算都是在 Intel® Core™ i7-4710HQ CPU (2.50 GHz) 和 8G RAM 内存的硬件条件下进行，集成预测模型的时间消耗约为 39 秒，这在实际的应用中是完全可以接受的，相对于前面三种模型的时长来说，其计算时间的增加完全可以被能耗预测能力的提升所抵消。值得注意的是，由于最终的集成模型只采用了单一的 SVR 模型，即 $M'=1$，其时间复杂度为 $o(N^2)$，所以不出所料，我们提出的集成模型只花费了 B-SVR 一半的时间。

表 2.8　不同模型的时间消耗

模型	ELM	B-ELM	SVR	B-SVR	Int. Model
时间(秒)	21.73	33.97	25.98	76.53	38.77

2.3.5 模型参数选择

在我们所提出的模型框架中，有两个参数需要进行优化选择，即前述的局部离群因子阈值 θ 和 RReliefF 属性排序后保留的属性个数 η 。这里我们选取 θ 分别为 1.2、1.3、1.5、2.0 和 $+\infty$ 进行比较验证(相应的离群点数目分别为 43、25、15、3 和 0)；η 值分别选取 10、30、50 和 73。图 2.13 显示了 SEC 集成模型在不同 θ 值下随着 η 值改变的预测性能变化(GEC 集成模型的结果与之类似，故省略)。

如图 2.13 所示，集成模型的性能随着 η 而改变。当 $\eta=30$ 时，即在后续建模阶段保留排名前 30 的属性，模型性能表现最优。当属性数目更小时，模型丢失了一些重要的属性；而当属性数目更大时，模型中的冗余增多，都会使模型性能恶化。类似地，当阈值选取 $\theta=1.3$ 时比其他值下模型性能更优，这意味着当 θ 大于 1.3 时，LOF 的门槛过低，从而使得更多噪声保留在数据集中；而当 θ 小于 1.3 时，LOF 的门槛又可能过高，以至于一些正常的样本被误判为异常样本，而这也必然损失原始数据的多样性，从而导致模型精度的恶化。

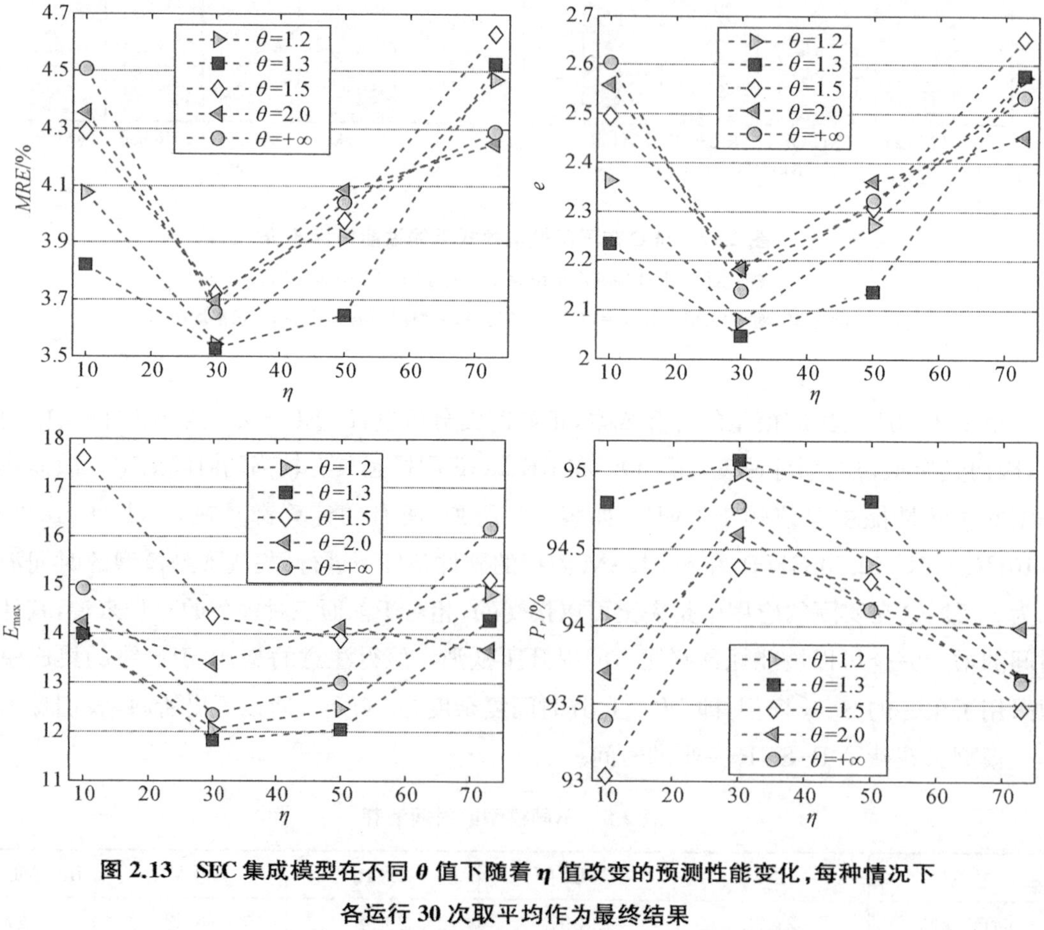

图 2.13 SEC 集成模型在不同 θ 值下随着 η 值改变的预测性能变化，每种情况下各运行 30 次取平均作为最终结果

2.4 能源介质对能耗的影响分析

为了揭示能耗与能源介质参数之间的关系，并提升我们对于烧结过程节能工作的理解，本节我们通过模型的敏感度和参数化分析来进一步验证模型的鲁棒性[27]。

2.4.1 模型敏感度分析

首先，我们将敏感度定义为：在其他属性取均值的情况下，当某一属性在其区间内变化时，对应能耗变化区间占整个能耗取值区间的百分比。公式表述如下：

$$R_i = EC_{\max}(x_i) - EC_{\min}(x_i) \tag{2.42}$$

$$SA_i = \frac{R_i}{\sum_{j=1}^{n} R_j} \times 100\% \tag{2.43}$$

其中，$EC_{\max}(x_i)$ 和 $EC_{\min}(x_i)$ 表示 SEC 或 GEC 在第 i 个输入区间下能耗预测输出的最大和最小值；其他的属性值取各自取值区间的均值。R_i 表示第 i 个属性的变化区间，SA_i 是每个变化区间的百分比，亦即敏感度。

我们分析了 RReliefF 中排在前 10 的属性的敏感度，如图 2.14 所示。从图中可以发现，对于固体能耗，焦粉的敏感度最高；而对于气体能耗，冷却水的敏感度最高。这意味着改变焦粉或者冷却水流量可以分别导致固体能耗或气体能耗发生最大的变化。同时，从图 2.14 (b)中可以看到，排在第三位的输入变量(冷却水)要比排在前两位的属性(传送带

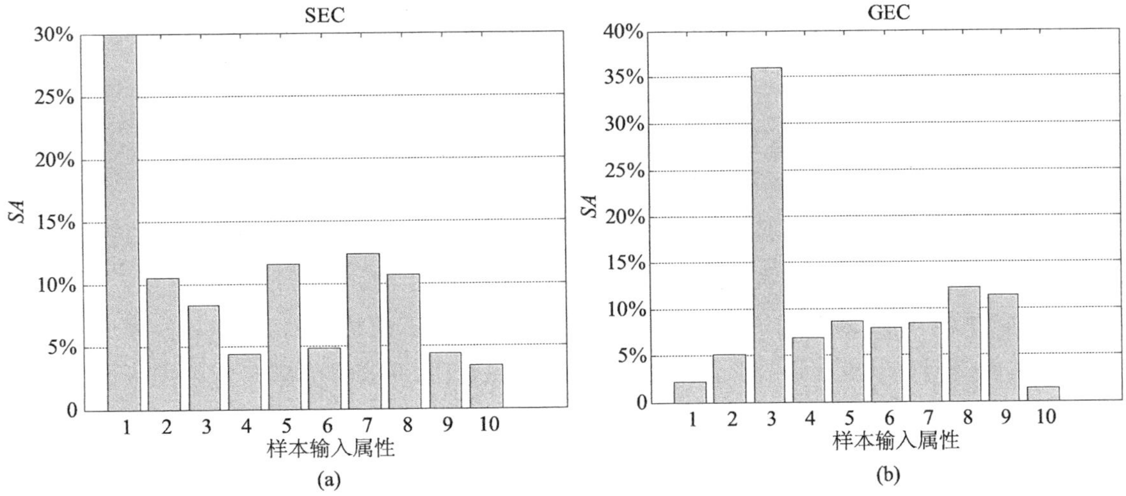

图 2.14　前 10 个属性的 SEC 和 GEC 敏感度分析

注：横坐标中 1～10 分别代表表 3.3 和

表 3.4 中所列的 10 个属性

PD-1物料流量和点火温度#3)敏感度更高,这意味着冷却水流量的记录数据的变化范围要比前两个属性记录数据的变化范围大。从实际物理意义层面来看,由于焦粉是主要的固体能源物质,很显然它对SEC具有较大影响;而冷却水主要用于尾气的余热回收,并且用于加热烧结机台上方的空气,其流量也会对GEC产生较大影响。

2.4.2 模型参数对能耗的影响

参数化分析旨在研究能耗随着某一属性的改变将如何变化。对于我们所提出的集成模型,计算某一属性变化时对应的能耗值,同时保持其他属性取各自均值。图2.15绘制了在上节得到的最敏感属性的变化下,SEC和GEC各自预测值的改变。如图所示,SEC随着焦粉量的增加而单调递增;而GEC随着冷却水流量的增加也单调递增。对于焦粉,很显然其消耗量越大,固体能耗值也相应增大;而对于冷却水,其循环得越快意味着越多的余热需要从尾气中回收,这也意味着气体能耗会相应增加。

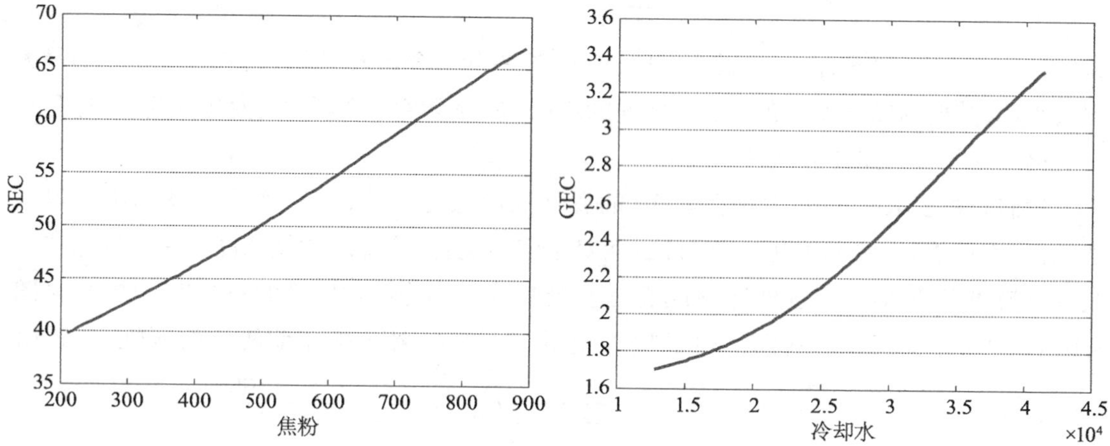

图2.15 集成模型的参数化分析

注:这里*SEC*单位是kg/t,*GEC*单位是m^3/t,焦粉的单位是*t*,冷却水流量单位是*t*。

上述分析显示了能耗与其重要属性之间的关系。其他属性也可类似地分析得到。通过合理有效地选择这些属性值,将有助于更好地指导烧结生产。

从基于数据的烧结能耗集成预测模型中可以得到以下结论:①相比于其他模型,我们提出的集成模型显示出良好的泛化能力,较高的时间效率,并具有实际工程应用价值,协助提供决策支持。②离群点检测和属性选择对于提升模型精度有重要意义。在实例分析中可以得到,与固体能耗相关的最重要的三个因素为:焦粉、云粉和混匀矿;与气体能耗相关的最重要的三个因素为:PD-1传送带物料流量、点火温度#3和冷却水流量。这表明不同的能源指标的相关属性不同。③所提出的集成模型的最优参数组合为局部离群因子阈值取值1.3,输入属性数目取值30。④敏感度和参数化分析进一步揭示了模型的鲁棒性能,并且展示了能耗与重要属性之间的关联关系。可以看到,焦粉对于固体能耗具有重要影响;

而冷却水流量对于气体能耗影响最大。

2.5 本章小结

本章研究了基于机理和基于数据能耗及生产指标模型。首先归纳了现有文献中间接型环节的生产调度指标和能耗指标模型，然后从机理的角度阐释直接型环节烧结工艺能耗建模的复杂性。第一，针对机理模型难于建立的情况，本章提出了多种基于数据的烧结能耗建模方法，研究了从单一方法建模到多种方法集成的建模方式。尤其对于集成模型，首先，考虑到烧结数据中的“伪离群点”，采用基于密度的 LOF 方法探测异常值，而不去除那些“伪离群点”，以获得尽可能多样但又纯净的数据集。第二，采用 RReliefF 方法消除冗余属性，以增强烧结能耗预测的鲁棒性，减少计算时间。由于生产管理者很难依据经验选择出所有的重要因素，因而传统的方法往往是主观选择，本章提出了一种新颖且更客观的方法。第三，Bagging 技术和信息熵法同时用于提升 ELM 和 SVR 预测模型的稳定性和泛化能力。利用一条典型的烧结生产线所获得的数据验证了所提模型框架的有效性。

如何利用当前得到的能耗模型进行节能优化是我们关注的另一个重要问题。对于模型中众多的属性变量，研究它们的最优配比组合受到越来越多的关注，烧结配料优化就是其中的热点问题之一。以往的配料优化仅仅关注于优化配料成本这一经济指标，借助本章的能耗模型，在第 3 章中我们将进一步研究以能源优化为主，考虑生产约束的配料方案，以实现能耗和成本的同时优化，为企业实现高能效制造提供决策支持。

第3章 考虑生产约束的能耗协同优化

结合第2章提出的直接型环节烧结工序能耗预测模型，本章研究考虑生产约束的能耗协同优化。为将能效性能集成到烧结配料优化中，提出一种成本与能效性能协同优化模型。首先描述了烧结配料中的协同优化问题，然后利用基于数据的方法建立烧结原料配比和生产参数分别与能耗指标、转鼓指数指标的关联模型，并基于此给出协同优化模型的目标函数和约束的一般形式。在模型简化和求解阶段，对模型进行线性化处理，并将生产参数常量化，研究典型工况下协同优化模型的性能。

3.1 问题描述

不失一般性，从1.3节综述的烧结配料问题综述来看，烧结配料优化可以表示为一个最优化问题 $\min f(\boldsymbol{x})$，其中，$\boldsymbol{x}$ 是决策向量，即烧结原料配比向量，$|\boldsymbol{x}|=m1$，$m1$ 是正整数，表示决策变量个数；$f(\boldsymbol{x})$ 是目标表达式，包括成本函数和能耗函数。以成本和能耗性能为主对生产过程协同优化，需要引入生产约束 $p(\boldsymbol{x})$，从而该协同优化问题可表示为

$$\begin{aligned}&\min f(\boldsymbol{x})\\&s.t.\,p(\boldsymbol{x})\end{aligned}\tag{3.1}$$

对于优化目标，若烧结原料配比向量和能耗性能的关联关系为 $g(\boldsymbol{x},\boldsymbol{v})=e$，$e$ 为固体能耗值，$\boldsymbol{v}$ 是生产参数向量，$|\boldsymbol{v}|=m2$，$m2$ 是正整数，表示生产参数个数；烧结原料配比向量和成本的关联关系为 $h(\boldsymbol{x})=c$，c 为成本值，则

$$f(\boldsymbol{x})=\omega_1 c+\omega_2 e=\omega_1 h(\boldsymbol{x})+\omega_2 g(\boldsymbol{x},\boldsymbol{v})\tag{3.2}$$

其中，ω_1，ω_2 代表成本和能耗的权重。

对于生产约束，主要可分为三类，即化学成分约束、碱度约束和转鼓指数约束，分别记为 $b(\boldsymbol{x})$、$r(\boldsymbol{x})$ 和 $d(\boldsymbol{x},\boldsymbol{v})$；设化学成分下界和上界为 B_1，B_2，碱度约束下界和上界为 R_1，R_2，转股指数约束的下界为 D_1，那么生产约束 $p(\boldsymbol{x})$ 可以表示为 $B_1\leqslant b(\boldsymbol{x})\leqslant B_2$，$R_1\leqslant r(\boldsymbol{x})\leqslant R_2$，$d(\boldsymbol{x},\boldsymbol{v})\geqslant D_1$。

由此，得到协同优化模型的一般形式：

$$\min f(\boldsymbol{x})=\omega_1 h(\boldsymbol{x})+\omega_2 g(\boldsymbol{x},\boldsymbol{v})\tag{3.3}$$

$$
\begin{aligned}
& s.t. \\
& B_1 \leqslant b(\boldsymbol{x}) \leqslant B_2 \\
& R_1 \leqslant r(\boldsymbol{x}) \leqslant R_2 \\
& d(\boldsymbol{x}, \boldsymbol{v}) \geqslant D_1
\end{aligned} \tag{3.4}
$$

在上述目标和生产约束中，成本目标、化学成分约束和碱度约束可以根据烧结原料的成分比例和单价直接计算得到，传统的烧结配料优化问题仅以此类目标和约束建立优化模型，而能耗目标和转鼓指数约束则无法依据物理化学机理建立精确数学模型。本章借助第 2 章提出的基于数据的预测模型框架，首先利用历史数据挖掘烧结原料和生产参数与能耗的关联关系 $g(\boldsymbol{x}, \boldsymbol{v})=e$，以及烧结原料和生产参数与转股指数的关联关系 $d(\boldsymbol{x}, \boldsymbol{v})=p$，然后将它们引入经典烧结配料优化问题，建立烧结配料协同优化模型；接着求解优化模型确定合理的原料配比向量 $\boldsymbol{x}^0$，并分析不同目标和约束条件下成本和能耗的变化趋势。本章提出配料协同优化问题求解框架如图 3.1 配料协同优化模型所示。

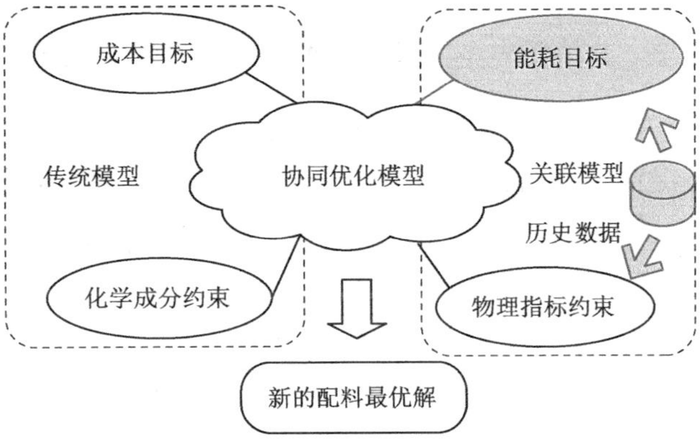

图 3.1 配料协同优化模型框架

3.2 协同优化模型的建立

3.2.1 基于数据的关联模型

3.1 节提出的协同优化模型中，关联关系 $d(\boldsymbol{x}, \boldsymbol{v})=p$ 和 $g(\boldsymbol{x}, \boldsymbol{v})=e$ 由基于数据的方法得到，关联模型建模方法在第 2 章已详细阐述，这里不再赘述。在能够获得历史生产数据的基础上，挖掘历史烧结原料配比和历史生产参数数据分别与历史能耗、转股指数之间的关联关系。关联模型建立的一般过程包括：

步骤 1： 输入输出变量选择。影响烧结工序能耗和转鼓指数的因素多种多样，不仅生产原料配比值与烧结能耗转鼓指数有密切联系，一些生产参数如料层厚度、点火温度和风箱负压等也与烧结矿的产、质量及能耗密不可分。

步骤 2： 数据预处理。数据的清理、归约与转化是基于数据建模中的重要一步。预处理工作主要包括空缺值补全、数据去量纲和归一化、离群点检测、特征选择等。

步骤 3： 模型参数选择。若采用神经网络、支持向量机等建模方法，在训练网络之前要先选定模型最优参数。例如，SVR 模型的惩罚因子 Pe 和核函数的方差 Va 需要事先确定，我们通过交叉验证法得到最优参数组合（*best Pe*，*best Va*）。若采用多元线性回归和极限学习机等方法，则需设定参数则较少（极限学习机只需设定隐层个数即可）。

步骤 4： 训练/创建模型。将数据分为训练集与测试集，用训练集数据训练创建能耗关联模型 $net\{<\boldsymbol{x}, \boldsymbol{v}>, e\}$ 和转鼓指数关联模型 $net\{<\boldsymbol{x}, \boldsymbol{v}>, p\}$，再用测试集测试模型精度，一般采用平均相对误差、均方差等作为模型精度的评价指标。

3.2.2 基于灰色模型 GM(1, 1)的生产参数预测模型

在前述的关联模型建立中，不仅考虑了原材料的配比参数，还考虑了生产状态参数和操作参数。在实际的能耗预测中，当获知了新的原料配比后，仍需要首先知道下一刻的生产参数值(状态参数和操作参数)，才能预测未来的能耗值。由于在正常的生产过程中，这些生产参数相对稳定，即生产参数值随时间变化的波动范围较小。灰色预测法对于这类波动不大的时间序列具有较好的预测性能[196]。灰色预测通过鉴别系统因素之间发展趋势的相异程度，并对原始数据进行处理来寻找系统变动的规律，生成有较强规律性的数据序列，然后建立相应的微分方程模型，从而预测所考察指标的未来发展趋势。灰色预测是以灰色模型为基础的，在诸多的灰色模型中，以灰色系统中单序列一阶线性微分方程模型 GM(1, 1)模型最为常用。其基本思想是：对于带噪声的原始序列，利用噪声期望为 0 的特点，构造累加序列使噪声值相互抵消，弱化噪声的影响；累加序列呈现的规律可用一阶线性微分方程的解来逼近，进而还原原始序列主要信息。下面简要地介绍 GM(1, 1)模型。

对于状态参数或操作参数的原始序列

$$\boldsymbol{v}_i^{(0)}=(\boldsymbol{v}_i^{(0)}(1), \boldsymbol{v}_i^{(0)}(2), \cdots, \boldsymbol{v}_i^{(0)}(n)), \tag{3.5}$$

其中，n 表示序列中历史数据的个数，i 对应每种生产参数序列，$1 \leqslant i \leqslant m2$。对上述序列累加求和得到累加序列：

$$\boldsymbol{v}_i^{(1)}=\{\boldsymbol{v}_i^{(1)}(j) \mid \boldsymbol{v}_i^{(1)}(j)=\sum_{k=1}^{j}\boldsymbol{v}_i^{(0)}(k), k=1, 2, \cdots, n\}. \tag{3.6}$$

建立对应的白化微分方程：

$$\frac{d\boldsymbol{v}_i^{(1)}(t)}{dt}+a\boldsymbol{v}_i^{(1)}(t)=u. \tag{3.7}$$

该微分方程的解为：

$$\boldsymbol{v}_i^{(1)}(t)=\left[\boldsymbol{v}_i^{(0)}(1)-\frac{u}{a}\right]\mathrm{e}^{-a(t-1)}+\frac{u}{a}. \tag{3.8}$$

经过离散化可以得到离散累加序列预测值：

$$\widehat{\boldsymbol{v}}_i^{(1)}(n+1)=\left[\boldsymbol{v}_i^{(0)}(1)-\frac{u}{a}\right]\mathrm{e}^{-an}+\frac{u}{a}, \tag{3.9}$$

其中，a 和 u 为待定参数，可以通过预测值序列与累加序列最小二乘拟合得到。计算式如下所示：

$$\begin{bmatrix} a \\ u \end{bmatrix} = (\boldsymbol{B}^{\mathrm{T}}\boldsymbol{B})^{-1}\boldsymbol{B}^{\mathrm{T}}\boldsymbol{W}, \tag{3.10}$$

$$\boldsymbol{W} = (\nu_i^{(0)}(2),\ \nu_i^{(0)}(3),\ \cdots,\ \nu_i^{(0)}(n))^{\mathrm{T}}, \tag{3.11}$$

$$\boldsymbol{B} = \begin{bmatrix} -\dfrac{\boldsymbol{v}_i^{(1)}(1) + \boldsymbol{v}_i^{(1)}(2)}{2} & 1 \\ -\dfrac{\boldsymbol{v}_i^{(1)}(2) + \boldsymbol{v}_i^{(1)}v(3)}{2} & 1 \\ \vdots & \vdots \\ -\dfrac{\boldsymbol{v}_i^{(1)}(n-1) + \boldsymbol{v}_i^{(1)}(n)}{2} & 1 \end{bmatrix} \tag{3.12}$$

在解得 a 和 u 后，将上面得到的离散累加序列预测值进行累减操作就可以得到原始生产参数序列的预测值，即

$$\widehat{\boldsymbol{v}}_i^{(0)}(n+1) = \widehat{\boldsymbol{v}}_i^{(1)}(n+1) - \widehat{\boldsymbol{v}}_i^{(1)}(n) = [\boldsymbol{v}_i^{(0)}(1) - u/a](1-e^{a})e^{-an} \tag{3.13}$$

在获得了下一时刻的生产参数预测值后，即可与新的原料配比值一同利用 3.2.1 节建立的基于数据的关联模型预测下一时刻的烧结能耗值。

3.2.3　协同优化模型的建立

基于 3.2.1 节和 3.2.2 节建立的关联模型，建立考虑生产约束的能耗和生产成本指标协同优化模型，简称 ECTC(Energy Consumption and Total Cost)问题。

设 C_i 代表第 i 种烧结原料的单价，x_i 为第 i 种原料的配比值，则成本

$$h(\boldsymbol{x}) = \sum_{i=1}^{n} C_i x_i, \tag{3.14}$$

其中，n 为原料的种类数。

设 a_{ji} 为第 i 种原料中第 j 种化学成分的含量，$b_{j\max}$，$b_{j\min}$ 是烧结矿中第 j 种化学成分的上下界，d_i 代表第 i 种原料的烧损率，则化学成分约束 $B_1 \leqslant b(\boldsymbol{x}) \leqslant B_2$ 可以表示成

$$b_{j\min} \leqslant \frac{\sum_{i=1}^{n} a_{ji} x_i}{\sum_{i=1}^{n} x_i(1-d_i)} \leqslant b_{j\max},\ j = 1,\ 2,\ \cdots,\ 6, \tag{3.15}$$

$$b_{j\min} \leqslant \frac{\sum_{i=1}^{n} a_{ji} \boldsymbol{x}_i(1-d_i)}{\sum_{i=1}^{n} \boldsymbol{x}_i(1-d_i)} \leqslant b_{j\max},\ j = 7, \tag{3.16}$$

式(3.15)为烧结过程中不会挥发的化学成分计算,这类成分如 FeO、CaO 等;式(3.16)为烧结过程中挥发性化学成分,如硫(S)。

又设 CaO_i, SiO_{2i} 为第 i 种烧结原料中 CaO, SiO_2 的含量,则碱度约束 $R_1 \leqslant r(\boldsymbol{x}) \leqslant R_2$ 可表达为

$$R_1 \leqslant r(\boldsymbol{x}) = \frac{\sum_{i=1}^{n} x_i \mathrm{CaO}_i}{\sum_{i=1}^{n} x_i \mathrm{SiO}_{2i}} \leqslant R_2。 \tag{3.17}$$

此外,该模型中决策变量还应满足"和 1"约束,即各种成分比例之和为 1。同时,由于原料供应量限制,每种原料还有添加量的上下限约束,设 $\boldsymbol{x}_{i\min}$,$\boldsymbol{x}_{i\max}$ 为第 i 原料配比的下限和上限。由此,则该协同优化模型 ECTC 可表示为:

$$\min \omega_1 \sum_{i=1}^{n} C_i x_i + \omega_2 net\{<\boldsymbol{x}, \boldsymbol{v}>, e\} \tag{3.18}$$

$$s.t. \quad b_{j\min} \leqslant \frac{\sum_{i=1}^{n} a_{ji} x_i}{\sum_{i=1}^{n} x_i (1-d_i)} \leqslant b_{j\max}, j=1, 2, \cdots, 6, \tag{3.19}$$

$$b_{j\min} \leqslant \frac{\sum_{i=1}^{n} a_{ji} x_i (1-d_i)}{\sum_{i=1}^{n} x_i (1-d_i)} \leqslant b_{j\max}, \ j=7, \tag{3.20}$$

$$R_1 \leqslant r(\boldsymbol{x}) = \frac{\sum_{i=1}^{n} x_i \mathrm{CaO}_i}{\sum_{i=1}^{n} x_i \mathrm{SiO}_{2i}} \leqslant R_2 \tag{3.21}$$

$$net\{<\boldsymbol{x}, \boldsymbol{v}>, p\} \geqslant D_1, \tag{3.22}$$

$$\sum_{i=1}^{n} x_i = 1, \tag{3.23}$$

$$0 \leqslant x_{i\min} \leqslant x_i \leqslant x_{i\max} \leqslant 1, i=1,2,\cdots,n. \tag{3.24}$$

式(3.18)通过加权法同时优化生产成本和总能耗,式(3.19)和式(3.20)为化学成分约束,式(3.21)为碱度约束,式(3.22)为转鼓指数约束,式(3.23)为配比"和 1"约束,式(3.24)为原料比例上下限约束。

3.2.4 模型的简化与求解

可以看出,该模型是一个非线性优化模型。带约束的非线性规划模型的求解是当前

的研究难点之一[197-198]，对于目标和约束中都包含基于数据的隐式非线性模型，求解显得尤为困难。为了简化和求解该非线性优化模型，首先考虑将非线性目标和约束线性化，将模型转化为线性模型求解。对于约束(3.19)～(3.21)，可以对不等式两段进行等价变换，将一个非线性约束转化为两个线性约束。以约束(3.20)为例，不等式两边同时乘以 $\sum_{i=1}^{n} x_i(1-d_i)$，得到

$$b_{j\min}\sum_{i=1}^{n} x_i(1-d_i) \leqslant \sum_{i=1}^{n} a_{ji}x_i(1-d_i) \leqslant b_{j\max}\sum_{i=1}^{n} x_i(1-d_i),\ j=7, \tag{3.25}$$

则有

$$b_{j\max}\sum_{i=1}^{n} x_i(1-d_i) - \sum_{i=1}^{n} a_{ji}x_i(1-d_i) \geqslant 0,\ j=7, \tag{3.26}$$

$$b_{j\min}\sum_{i=1}^{n} x_i(1-d_i) - \sum_{i=1}^{n} a_{ji}x_i(1-d_i) \leqslant 0,\ j=7, \tag{3.27}$$

同理，其他非线性约束也可以由此转化为线性约束。

至此，该协同优化模型的复杂度取决于式(3.18)和式(3.19)中关联模型的复杂度，若关联模型为线性，则整个协同优化模型亦可转化为线性模型，否则为非线性模型。对于线性关联模型，可以采用多元线性回归的方法建模，不过前提条件是线性关联模型的拟合精度要在允许范围内，以保证整个模型的精度，否则，该线性模型不可用，而只可采用非线性拟合方法。一般而言，拟合的平均相对误差在 5%以内认为符合精度要求。

需要指出的是，上面提出的烧结配料协同优化模型的决策变量是各种原材料的配比值，而关联模型 $g(\boldsymbol{x},\boldsymbol{v})=e$ 和 $d(\boldsymbol{x},\boldsymbol{v})=p$ 中生产状态参数和操作参数 $v=(v_1, v_2, \cdots, v_{m2})$ 不是决策变量，因而在协同优化模型中需要将这些生产参数固定为常数值。如何确定这些生产参数？一般有两种策略：一种是从历史数据中选取某些典型工况下的生产参数向量代入模型，亦即研究特定工况下的最优烧结配料方案。该策略的优势在于，可以在真实的历史典型工况下比较协同优化模型得到的配比和原始配比之间的性能差异。为使工况具有代表性，选取历史数据中当日能耗最低值、中位值和最高值三组样本所对应的生产参数向量作为典型工况，分别研究三组生产参数下模型最优解对应的成本和能耗性能。另一种策略是先通过 3.2.2 节的 GM(1，1)模型预测下一时刻的生产参数，再将此代入协同优化模型获得优化配比解。此策略可以理解为研究未来时刻的烧结配料能耗和成本协同优化方案。这两种策略在下一节的案例研究中都将进行验证分析。

3.3 案例研究

以某年产 650 万吨钢规模的钢铁联合企业为例，其 $2\times380\ \text{m}^2$ 规模烧结生产线年产

成品烧结矿 836 万吨，作业率 94%，利用系数为 1.40 t/m^2·h。选取 2010 年 1—12 月的 311 组烧结生产历史数据用于关联模型建模，每组样本中包含着当日的原料配比、生产参数以及当日能耗值和烧结矿的转鼓指数值等信息。由于固体能耗占据总能耗的 80%～90%，案例中所指能耗均为固体能耗。仿真实验在 MATLAB 2013a 平台上实现。

3.3.1 关联模型

由 3.2.1 节提出的关联模型建立过程和 3.2.4 节提出的模型简化手段，采用多元线性回归的方法挖掘烧结原料向量和生产参数向量与能耗和转鼓指数之间的关系 $g(\boldsymbol{x}, \boldsymbol{\nu}) = e$ 和 $d(\boldsymbol{x}, \boldsymbol{\nu}) = d$。在烧结过程中，影响固体能耗和转股指数的因素如表 3.1 所示。

表 3.1 关联模型的输入和输出

输入变量	原料配比×8($x_1, x_2, \cdots, x_8$)，层厚×1(ν_1)，台车速度×1(ν_2)，点火温度×2(ν_3, ν_4)，点火压力×1(ν_5)
输出变量	固体能耗×1(y_1)，转鼓指数×1(y_2)

采用多元线性回归法建立关联模型，并验证模型精度。首先要对整体样本做数据清理和归约，采用中位数法填补历史数据中的空缺值，然后将所有数据转化为 0～1 之间的无量纲数据，随后采用基于密度的 LOF 算法去除离群样本，由此从 311 条历史数据样本中保留 262 组样本作为待训练和测试的样本。

需要说明的是，根据式(3.23)，所有原料的配比和须为 1，那么 8 种原料的自由度应为 7，即若 8 种原料中有 7 种原料配比已知时，剩下 1 种原料的配比也可推出，即 $x_n = 1 - \sum_{i=1}^{n-1} x_i$。因此，在建立关联模型时，输入变量要比总的输入变量个数少 1，我们去掉第一种原料配比变量 x_1，则输入变量为 12 个。

由此，得到固体能耗关联模型和转股指数关联模型 $g(\boldsymbol{x}, \boldsymbol{\nu}) = e$ 和 $d(\boldsymbol{x}, \boldsymbol{\nu}) = d$ 的测试结果如表 3.2 所示。

表 3.2 关联模型的测试结果

	最大相对误差(%)	平均相对误差(%)	均方差
固体能耗	23.06	3.89	0.003 928
转鼓指数	1.05	0.27	0.000 014

从表 3.2 可以看出，虽然固体能耗关联模型的最大相对误差达到 23.06%，但是平均相对误差只有 3.89%，说明能耗模型存在某种非线性关系，不过线性模型从平均相对误差来看表现良好，可以采用。而转鼓指数关联模型最大相对误差和平均相对误差仅有 1.05%和 0.27%。两个模型的平均相对误差都在 5%以内，故线性关联模型符合精度要求，可以引入

协同优化模型。该案例中两个关联模型的显式表达为：

$$\begin{aligned} g(\boldsymbol{x}, \boldsymbol{\nu}) = & 2.61x_2 - 113.08x_3 - 410.76x_4 - 14.78x_5 \\ & - 238.99x_6 - 134.35x_7 + 821.37x_8 + 14.32\nu_1, \\ & - 0.02\nu_2 + 0.01\nu_3 + 0.02\nu_4 + 0.28\nu_5 + 6.89 \end{aligned} \tag{3.28}$$

$$\begin{aligned} d(\boldsymbol{x}, \boldsymbol{\nu}) = & 1.25x_2 + 6.42x_3 + 0.50x_4 + 1.12x_5 + 23.70x_6 \\ & - 11.24x_7 + 59.62x_8 - 0.09\nu_1 + 0.0018\nu_2 - 0.0004\nu_3 \\ & - 0.0003v_4 + 0.0082\nu_5 + 74.56 \end{aligned} \tag{3.29}$$

3.3.2　案例 1：典型历史工况下的协同优化模型

表 3.3 为各原料的化学成分，表 3.4 为原料配比的上下限、单价和烧损率。对于得到的烧结矿，要求其化学成分要满足一定的约束，如表 3.5 所示。

表 3.3　原料的化学成分

原料	化学成分(%)						
	TFe	FeO	SiO_2	CaO	MgO	Al_2O_3	S
M1(a_{1i})	61.91	1.17	4.33	0.22	0.31	1.52	0.07
M2(a_{2i})	0.50	0	1.23	52.91	0.52	0.41	0.06
M3(a_{3i})	0	0	0.67	30.86	20.86	0	0
M4(a_{4i})	0	0	0.92	91.31	0.74	0	0
M5(a_{5i})	57.61	8.66	5.20	9.34	2.06	1.88	0.01
M6(a_{6i})	68.20	61.00	2.50	0	0	0.28	0.06
M7(a_{7i})	25.63	29.05	19.90	24.80	5.87	2.94	0.06
M8(a_{8i})	0	4.55	6.00	0.48	0.13	4.10	0.64

表 3.4　原料添加量范围、单价和烧损率

原料	M1	M2	M3	M4	M5	M6	M7	M8
$x_{\min}$(%)	0	0	3	2	28.5	0	0	4
$x_{\max}$(%)	100	2.5	5	3.5	42.5	100	2.2	4.2
单价(元/吨)	1 050	85	170	800	820	280	115	1 100
烧损率(%)	1	42.87	42	8.5	1	1.00	0	80

表 3.5　烧结矿化学成分范围(%)

成分	TFe	FeO	SiO_2	CaO	MgO	Al_2O_3	S	R
上限	58.75	10.00	5.25	9.45	2.10	2.10	0.10	1.93
下限	56.75	8.00	4.75	8.75	1.30	1.20	0	1.77

由表 3.3～表 3.5 和 3.3.1 节得到的关联模型即可建立烧结配料协同优化模型。为使结果具有代表性和说服力，分别选择当日固体能耗最小值、中位值和最大值对应的工况 $\boldsymbol{v}$，分别在这些典型工况下建立协同优化模型，采用线性规划法求解，对比优化结果。

对于该多目标问题，采用加权的方法转化为单目标问题，成本目标和能耗目标的权重分别为 ω_1，ω_2，这里 $\omega_1+\omega_2=1$。当取不同的权重比(ω_1，ω_2)时，模型所得最优解和目标值都会发生变化。根据实际问题的偏好，我们选取(0.2，0.8)作为本案例协同模型的权重比，即更看重总能耗的优化。由此，可得 3 种工况下的实验结果如表 3.6—表 3.8 所示。

表 3.6　最低能耗工况下协同模型的优化结果(该工况对应烧结矿日产量为 10 093 吨)

	最优成本值(元/吨)	最优能耗值(千克/吨)	转鼓指数约束下限 D_1
A1：不考虑转鼓指数约束和能耗目标	826.80	41.090 8	—
B1：仅考虑转股指数约束	828.63	41.910 8	80.30
C1：考虑转股指数约束和能耗目标	829.48	41.252 6	80.30
D1：该工况下的实际值(对照值)	911.15	42.680 0	77.69

表 3.7　中等能耗工况下协同模型的优化结果(该工况对应烧结矿日产量为 13 242 吨)

	最优成本值(元/吨)	最优能耗值(千克/吨)	转鼓指数约束下限 D_1
A2：不考虑转鼓指数约束和能耗目标	826.80	49.657 9	—
B2：仅考虑转股指数约束	827.07	50.143 0	80.00
C2：考虑转股指数约束和能耗目标	828.69	48.182 1	80.00
D2：该工况下的实际值(对照值)	896.99	60.260 0	77.62

表 3.8　最高能耗工况下协同模型的优化结果(该工况对应烧结矿日产量为 12 089 吨)

	最优成本值(元/吨)	最优能耗值(千克/吨)	转鼓指数约束下限 D_1
A3：不考虑转鼓指数约束和能耗目标	826.80	53.538 1	—
B3：仅考虑转股指数约束	826.95	53.810 5	80.00
C3：考虑转股指数约束和能耗目标	828.69	52.062 3	80.00
D3：该工况下的实际值(对照值)	901.49	73.370 0	77.56

表 3.6 为最优工况下的实验结果，这里的最优工况是指在历史样本中，该工况对应的当日固体能耗最低。为了验证本书提出的协同优化模型的优劣，在每种工况下分别与其他文献中所建立的模型做对比，A 是既不考虑转鼓指数约束，又不考虑固体能耗目标的传统模型[76]，B 是仅考虑转鼓指数约束，不考虑固体能耗目标的改进模型[58]，C 是本书提出的模型，D 是当前工况对应的历史真实值。

一方面，从表 3.6 可以看出，在最优工况下，B1 比 A1 多考虑了转鼓指数约束，使得成本和能耗指标都升高，这是因为新增加的约束条件使模型的可行解范围缩小，原最优解不再可行，新最优解对应目标性能变差；C1 在 B1 的基础上考虑能耗目标，故能耗指标得到优化，比 B1 降低了 1.57%，而成本上升了 0.85 元/吨。从表 3.7 可以看出，在中等工况下，C2 与 B2 相比成本上升了 1.74 元/t，而能耗降低了 3.25%。表 3.8 同样展示了相同的特征，C3 较之 B3 成本提升了 1.62 元/t，而能耗降低了 3.91%。另一方面，从 A 到 C 可以看出，当增加约束条件时，烧结矿的总成本也在逐渐增加，而固体能耗呈现先增后减的趋势。这是因为不论在最优、中等或是最差工况下，当引入能耗目标时，模型会寻找新的最优解使得能耗指标降低但同时使得成本指标上升，这也显示了成本和能耗目标之间的冲突关系。除此之外也可以看到，在任一工况下，B 和 C 模型的两个最优指标都比 D 的实际指标值优，这也说明烧结企业的能耗和成本降低的空间还很大。

从经济效益的角度来看，假设固体能源物质(焦粉)的市场价格为 1 200 元/吨，可以计算 B 和 C 之间的差异。在最优工况下，固体能耗降低了 1.748 2 千克/吨，而烧结矿的日产量为 10 093 吨，则每日可节省 7 972 元的能源物质；不过，每日的原材料成本增加了 8 589 元，这意味着最优工况下若采用协同优化模型模型，会产生 617 元的亏损。其原因在于最优工况下固体能耗 SEC 指标已经表现出色，因而能耗的优化空间不大。不过对于中等工况和最差工况，经计算协同优化模型可使每日节省的成本(能源物质和烧结矿的成本总和)分别达到 4 356 元和 9 704 元。由于实际生产中的众多生产参数仍凭经验确定，工况以中等和偏差的情况居多，从这个角度看，本章提出的协同优化模型具有较为显著的有效性。

3.3.3　案例 2：不同目标权重比和约束条件下的协同优化模型

在本案例中，我们旨在研究下一时间点(下一天)的工况下协同优化模型的最优解以指导未来的生产，同时研究目标权重比和约束条件边界变化时最优解的变化情况。

首先，下一时间点的生产参数由 3.2.2 节的 GM(1, 1)模型基于历史数据得到。然后，将所得到的生产参数引入协同优化模型中作为未来的生产工况。此外，由 1.4.3.1 节的综述分析可知，当多目标优化问题转化为加权单目标处理时，两个目标权重比 (ω_1, ω_2) 的选择对优化效果会产生重要影响。这里我们考察 6 组权重比，分别是(0,1)，(0.2, 0.8)，(0.4, 0.6)，(0.6, 0.4)，(0.8, 0.2)，(1,0)。同时，为了探究最优解在不同生产约束边界下的变化，我们考查了转鼓指数的约束下界分别为 80.0，80.1 和 80.2 时的最优解变化。相应的结果如表 3.9 和图 3.2 所示。

表 3.9 在不同权重比和约束边界下最优成本和能耗的变化

D_1 (%)		成本与能耗目标的权重比(ω_1，ω_2)					
		(0,1)	(0.2，0.8)	(0.4，0.6)	(0.6，0.4)	(0.8，0.2)	(1,0)
80.0	最优成本值(元/吨)	847.09	847.09	827.47	826.80	826.80	826.80
	最优能耗值(千克/吨)	38.897 4	38.897 4	46.325 3	47.164 5	47.164 5	47.164 5
80.1	最优成本值(元/吨)	847.40	847.340	828.81	827.73	827.30	827.30
	最优能耗值(千克/吨)	39.520 8	39.520 8	45.937 2	46.771 4	48.070 1	48.070 1
80.2	最优成本值(元/吨)	841.57	841.57	829.51	828.94	828.94	828.94
	最优能耗值(千克/吨)	42.817 0	42.817 0	47.384 0	47.818 0	47.818 0	47.818 0

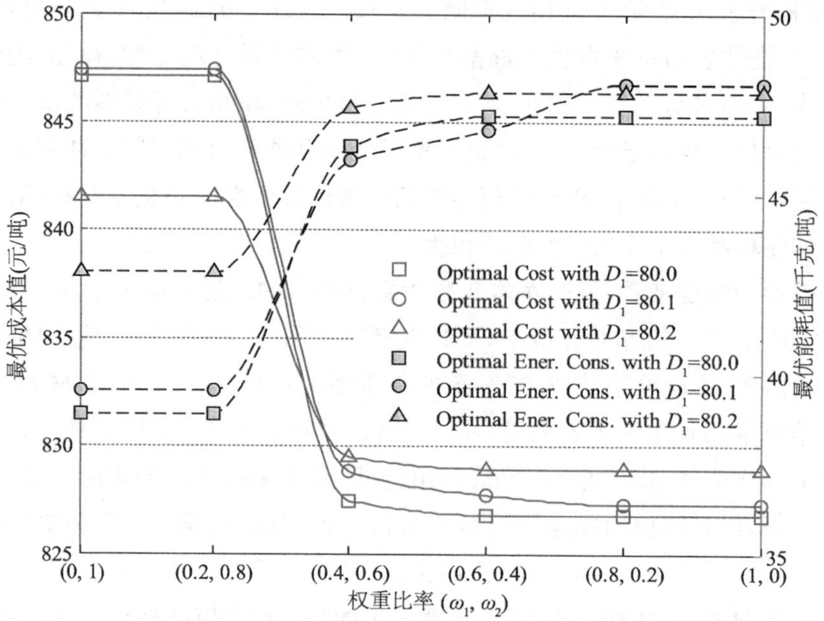

图 3.2 不同目标权重比和转鼓指数下界情况下的最优成本值和最优能耗值

可以看出，在横坐标方向，当能耗目标的权重较大时(靠左侧)，能耗可以得到显著的优化，而烧结矿成本则相对较高。(0，1)处即表示仅以能耗作为目标的配料优化模型。当增大烧结矿成本目标的权重时，成本目标值大幅下降，而相应的能耗值则有所提升，这反映出烧结矿成本和能耗之间的冲突关系。当烧结矿成本权重进一步增加时，两个目标值趋于平稳，几乎都不再变化，所以具有调节意义的权重比可缩小至(0.2，0.8)到(0.4，0.6)之间。

从不同的 D_1 看，即当转股指数的约束下界变化时，D_1 越小能耗越低，这是由于此时转股指数的约束较为松弛，使得可行解的范围变大。当 D_1 变大时，能耗也逐渐变大。不过，对于烧结矿成本来说情况则不同。例如，当权重比为(0.2，0.8)时，在最大的 D_1 下，烧结矿成本反而比更松弛的 D_1 下更低，这也意味着能耗和转股指数的关联模型中存在某种非线性特性，未来需要进一步研究这种非线性属性。

通过两个案例分析，可以得出以下结论：①烧结矿成本和固体能耗之间存在显著的冲突关系。②本章提出的协同优化模型可使在烧结成本增加不大的情况下，固体能耗显著降低，在中等工况和更不理想的工况下，协同优化模型都可为企业带来可观的经济效益。③实际生产的能耗和成本指标与本章协同优化模型得到的优化指标之间仍有不少差距，说明实际生产中的烧结配比仍有较大提升空间。④模型的目标权重比在(0.2，0.8)到(0.4，0.6)之间变化时目标变化最为明显，生产管理者可在此区间内选择合适的权重比。

3.4　本章小结

本章研究了钢铁企业中典型直接型环节——烧结工序的配料优化问题，提出了同时考虑能耗和成本目标的协同优化模型。本章的创新点在于，一方面将能耗指标引入烧结配料优化问题，在原有仅考虑成本目标的基础上，加入能耗目标，建立一个通用的协同优化模型框架；同时将烧结矿转鼓指数这一物理指标作为生产约束，使模型更加完善。另一方面，在第 2 章基于数据的方法建立固体能耗及转鼓指数关联模型的基础上，加入了动态生产参数的考虑，结合参数特性采用灰色模型 GM(1,1)预测下一时间点的生产参数，使模型拟合度更高。此外，为了方便求解，在验证了模型精度的前提下，本章采用线性关联模型，使得该协同优化问题大大简化。不过也可看出，能耗线性关联模型的最大相对误差较高，说明能耗模型中存在较强的非线性特征，未来可以进一步研究非线性能耗模型下协同优化模型的求解算法。

第 4 章　考虑能耗约束的生产调度协同优化

第 3 章研究了考虑生产约束的能耗协同优化问题，本章研究以生产指标优化为主，考虑能耗约束的协同优化模式。从 1.4.2 节的分析可以看出，这一问题在间接型生产环节中研究较少，关注组批调度的研究更为少见。本章以轧辊生产企业热处理设备为研究背景，研究一类并行批处理机的组批调度问题，考虑炉容相同，功率不同的非等同并行机的总能耗约束，考虑工件尺寸和到达时间不同，以最小化最大完工时间 C_{max} 为目标建立混合整数规划模型。并行机组批调度问题属于 NP-hard 问题，我们提出了针对此问题的带邻域搜索的混合遗传算法对模型进行求解。通过多种问题规模下的实验结果比较分析，优化得到在企业总能耗约束下最小的 C_{max}，为轧辊制造企业的实际生产提供指导。

4.1　问题描述

4.1.1　问题背景

轧辊生产是一个高耗能、大规模、工艺复杂的生产过程，各工序之间关联性较强，组批加工和并行加工同时存在。轧辊生产工艺流程主要包括造型、干燥、冶炼、合箱、浇铸、开箱、退火、热处理、粗加工、精加工等工序，如图 4.1 所示。浇铸、开箱、退火、热处理等工序是轧辊制造阶段，也是整个轧辊生产工艺流程中的关键环节，其中热处理工序对轧辊质量的好坏影响重大。

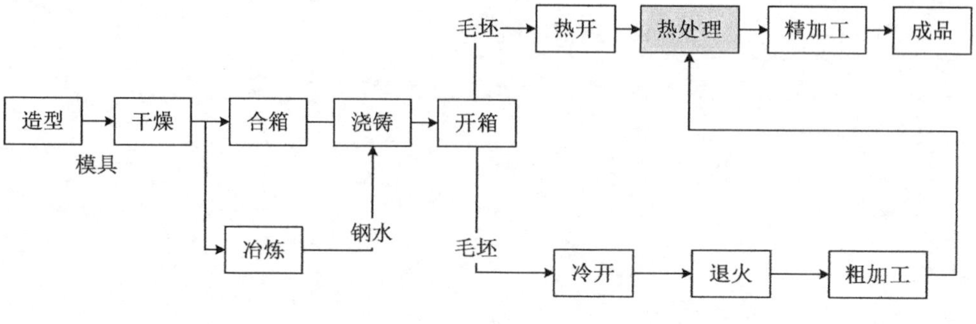

图 4.1　轧辊生产工艺流程

热处理阶段的主要任务是对浇铸成的毛批辊以及经粗加工后的二次辊装入加热炉进行加热，热处理工艺路线如图 4.2 所示。在实际生产中，多个轧辊可同时在一个加热炉内加热，故加热前要根据轧辊的属性进行组批，通常选取工艺曲线相近的轧辊组成一批。完成组批后轧辊批将进入并行高温炉中加热，在炉内经过预热、升温、恒温、降温等过程达到额定温度后，便可出炉直接精加工或者转炉至低温炉、保温坑进行后续处理。

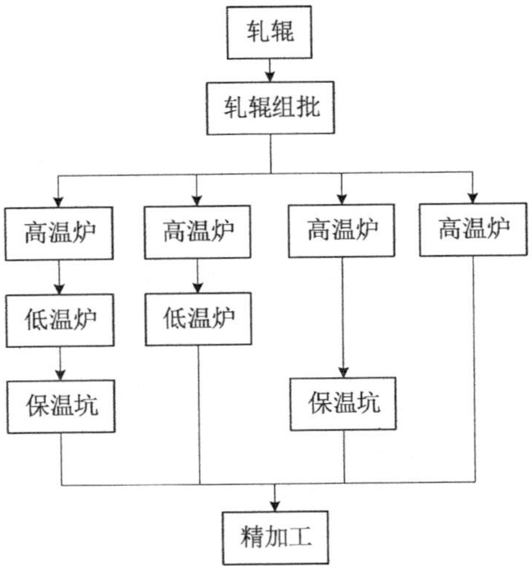

图 4.2　轧辊热处理工艺线路图

高温炉是整个流程中能耗最高的设备。一方面，高温炉的最高温度可达 1 100℃，并且热处理周期长，往往需要 60～70 小时，因此事先合理高效的组批编排对单位产品能耗的影响很大；另一方面，由于企业与供能公司提前签有购能合同，生产中的能源供应量往往存在限制，故需要在调度时充分利用现有资源，最大程度发挥并行加热设备的生产能力。

4.1.2　并行机组批调度问题

并行机组批调度(Parallel machine batching scheduling，PMBS)问题可看作将一类由多机调度问题松弛得到的问题，其描述如下：设有 N 个相互独立的工件，M 台批处理机，每个工件的加工时间确定，并且可以在任何一台机器上进行加工，但每一工件只能在一台机器上完成加工。每台机器可以以批的形式同时加工多个工件，但每批中工件尺寸或个数总和不能超过批设备的容量 C，所有批的集合记为 B，调度结果使得某种调度指标最优。显然，解决 PMBS 问题的三个核心是：如何组批，如何将批在各机器上分配，以及如何安排机器上所分配工件的加工顺序。为方便研究，对 PMBS 问题一般做如下假设：

(1) 加工过程在调度期间持续进行，不会因为机器原因而中断；

(2) 工件的加工时间仅仅与加工工艺有关，而与调度无关；

(3) 工件加工时的装填时间可忽略；

(4) 不计工件在机器之间的传输时间；

(5) 允许加工机器前有缓冲区来存放库存并且其费用可以忽略；

(6) 待加工工件数量确定并已知；

(7) 可用于加工的机器数量确定并已知；

(8) 没有尺寸大于 C 的工件存在。

1.4.1 节综述了优化能耗单目标的并行机调度问题，然而这些研究不涉及能耗约束和组批调度。1.4.2 节的综述了考虑总能耗约束的并行机设备调度问题，不过可以发现其中涉及组批调度的研究还很少。1.4.3 节综述了组批调度的相关研究，可以看出这些都是同时优化生产指标和能耗指标的多目标问题，较少关注能耗约束，其中涉及并行机设备的研究则更为少见。

单就不涉及高能效制造的并行机调度问题而言，相关研究较为丰富。Eraglu 和 Vallada[199-200]针对同等并行机下优化拖期时间的调度问题，分别讨论了如何利用遗传算法进行求解。同时，各类分枝定界算法[201]和启发式算法[202]等也被用于解决此类问题。刘民等人[203]针对优化最大完工时间问题利用遗传算法求解。Wang 和 Kashan 等人[204-205]分别利用 LISTFIT 启发式算法和离散粒子群算法优化最大完工时间问题。Yeh 等人[206]研究了具有模糊加工时间和学习效果的并行机调度问题，并采用包括两种启发式算法、模拟退火和遗传算法在内的多种方法求解。从这些研究可以看出，并行机调度的优化目标一般以最大完工时间和拖期时间为主，求解方法从最优化方法到启发式规则再到元启发式和群智能算法都有涉及。当问题规模较大时，遗传算法等智能算法显示出较大优势。

从专门针对轧辊高温炉对象的调度优化研究来看，较具代表的是宋继伟[207]建立了轧辊生产流程计划与调度体系，并以轧辊生产流程中的瓶颈工序（轧辊热处理工序）为重点，研究了具有组批、指派、组批和指派的高温炉调度问题，分别建立相应的数学模型，提出相应的启发式算法进行求解。不过这一研究并不涉及能耗问题。朱祝林[208]针对具有组批和指派的（轧辊热处理）并行机调度问题，提出了以节能为目标的两种启发式算法，即辊批间尺寸最大差值的组批和辊坯批次间加工时间最大差值的低单位功率加热炉优先（LDVRS-BPTLUPFF）与最大辊批尺寸的组批和最长批次加工时间的低功率加热炉优先（LRS-PTLPFF）。这一研究仅优化能耗目标，两种启发式规则可以较快获得满意解，不过解的质量仍有待提高。

从上述研究可以看出，并行机调度问题的常用求解方法如下：

(1) 枚举方法（Enumerative methods，EM），包括：分枝定界法（Branch & bound，BB）[201]和最优化方法（Optimization methods，OM）[209]，如整数规划、分解方法、拉格朗日松弛方法等。此类方法可用于求解小规模问题，对于大规模问题求解难度较大。

(2) 启发式方法（Heuristic method，HM）[83,207-208]，包括：优先分配规则（Priority dispatch rule，PDR）[210]，插入算法（Insertion algorithm，IA）[211]等。该类方法的优点是可以快速求得问题的解，缺点是解的质量较差，需要建立更为复杂的启发式规则才能获得较好的解。

(3) 人工智能（Artificial intelligence，AI）方法，利用人工智能方面的原理和技术进行寻优。包括：模拟退火算法（Simulated annealing，SA）[104,212]，禁忌搜索算法（Tabu search，TS）[213]，神经网络[214]，进化计算（Evolutionary computation）[199]，蚁群算法（Ant colony optimization，ACO）[215]和免疫算法（Immunity algorithm，IA）[216]等。随着研究的不断深入，算法与实际生产过程相结合的必要性增强，集成化、动态化、高效化、智能化、实用化成为求解方法的发展方向。

4.2　考虑能耗约束的并行机组批调度优化

通过 4.1 节对轧辊生产流程以及轧辊热处理和高温炉的描述，可以看出本章的研究对象——高温炉具有以下特点：①容量固定的批处理机。由于轧辊的体积各不相同，故要求辊批的体积不能超过高温炉的容积。②功耗不同的非等同并行机。由于高温炉型号和老化程度的不同，其实际功率也各不相同。③工件到达时间不同，总能耗供应量有限，并要求尽可能减小最大完工时间。

针对所要研究的内容，本节建立了以最小化 C_{max} 为目标，以总能耗为约束的数学模型。该问题可以抽象为非等同并行机组批调度问题，拟按以下步骤解决：①根据实际生产要求进行组批调度；②由于批设备的功率不同，对组成的批次进行指派调度。根据问题特点，提出了针对此问题的混合 GA 进行求解，通过对不同规模问题进行实验验证，并将结果与启发式算法结果进行比较和分析，验证了本书所提方法的有效性，为决策者对于此类实际生产问题提供有效的策略参考。

4.2.1　数学模型

不失一般性，该问题用三参数法[217]可以表示为 $P \mid B, r_j, s_j, E \leqslant E_{max} \mid C_{max}$，$P$ 表示并行机环境，B 表示具有批处理能力，r_j 和 s_j 分别表示工件具有不同的到达时间以及尺寸，$E \leqslant E_{max}$ 表示约束中有总能耗约束。C_{max} 表示所有工件的最大完工时间，即最后一个批加工完成的时间。

针对工件到达时间不同以及不同尺寸并且考虑能源约束的并行机组批调度问题，我们做出如下假设：

(1) 每个批调度机的容量相同，除额定功率各不相同外其余性能完全相同；

(2) 同一批的工件具有相同的开始、结束加工时间；

(3) 每一批的加工时间为批内加工时间最长工件的加工时间；

(4) 工件的到达时间为批内最晚到达工件的到达时间；

(5) 批的尺寸为批内所有工件的尺寸和，批的尺寸不能超过批设备的容量；

(6) 每台批设备一次最多加工一个批次的工件；

(7) 在每台高温炉上首先被加工的批次的开始加工时间为零；

(8) 忽略批处理机在加工过程中出现故障而对整个流程造成的影响。

模型的符号及参数解释如下：

N　　工件数量；

C ——批处理机的最大容量；

M ——批处理机数量；

B ——批的数量；

s_j ——工件 j 的尺寸，$j=1, 2, \cdots, N$；

rt_j ——工件 j 的到达时间，$j=1, 2, \cdots, N$；

pt_j ——工件 j 的加工时间，$j=1, 2, \cdots, N$；

S_b ——批次 b 的尺寸，$b=1, 2, \cdots, B$；

RT_b ——批次 b 的到达时间，$b=1, 2, \cdots, B$；

ST_b ——批次 b 的开始加工时间，$b=1, 2, \cdots, B$；

CT_b ——批次 b 的完工时间，$b=1, 2, \cdots, B$；

PT_b ——批次 b 的加工时间，$b=1, 2, \cdots, B$；

$|B_b|$ ——批次 b 中已经安排的工件数量，$b=1, 2, \cdots, B$；

e_m ——批处理机 m 的单位时间能耗；

E_m ——批处理机 m 的总能耗；

$E_{\max}$ ——能耗约束值；

$C_{\max}$ ——最大完工时间(Makespan)。

以最大完工时间最小化为优化目标，建立混合整数规划(Mixed integer programming, MIP)模型：

$$\text{Minimize:} \quad C_{\max} \tag{4.1}$$

$$\sum_{b=1}^{B}\sum_{m=1}^{M} x_{jbm}=1, \quad j=1, 2, \cdots, N; \tag{4.1}$$

$$\sum_{m=1}^{M} z_{bm}=1, \quad b=1, 2, \cdots, B; \tag{4.2}$$

$$\sum_{j=1}^{N}\sum_{m=1}^{M} s_j x_{jbm} \leqslant C, \quad j \in b, \quad b=1, 2, \cdots, B; \tag{4.3}$$

$$PT_b \geqslant pt_j \cdot x_{jbm}, \quad j \in b, b=1, 2, \cdots, B, m=1, 2, \cdots, M; \tag{4.4}$$

$$C_{\max} \geqslant PT_b + ST_b, b=1, 2, \cdots, B, m=1, 2, \cdots, M; \tag{4.5}$$

$$RT_b \geqslant rt_j x_{jbm}, j=1, 2\cdots, N, b=1, 2, \cdots, B, m=1, 2, \cdots, M; \tag{4.6}$$

$$ST_{b'} = \max\{RT_{b'} z_{b'm}, CT_b z_{bm}\}, b, b'=1, 2, \cdots, B, m=1, 2, \cdots, M; \tag{4.7}$$

$$E=\sum_{m=1}^{M} E_m, \quad E_m=\sum_{b=1}^{B} z_{bm} PT_b e_m; \tag{4.8}$$

$$E \leqslant E_{\max}; \tag{4.9}$$

$$x_{jbm} \in \{0,1\}, \quad j=1, 2\cdots, N, b=1, 2, \cdots, B, m=1, 2, \cdots, M; \tag{4.10}$$

$$z_{bm} \in \{0,1\}, \quad b=1, 2, \cdots, B, m=1, 2, \cdots, M; \tag{4.11}$$

约束(4.1)表示每一个工件都会被分配到某一批次及某一批设备上；约束(4.2)表示每

个工件都会且只能分配到一个批设备上进行加工；约束(4.3)表示批内工件尺寸总和不能大于批设备的容量限制；约束(4.4)表示批的加工时间为批内加工时间最长工件的加工时间；约束(4.5)表示最大完工时间大于等于任何一个批的开始加工时间与批加工时间之和，即为最后一批的完工时间；约束(4.6)表示批的到达时间大于等于批内任何工件到达时间。即批的到达时间为批内最晚到达工件的到达时间；约束(4.7)表示批的开始加工时间为该批的到达时间与该批设备内上一个批的完工时间之间的较大值；约束(4.8)和(4.9)表示能耗约束，即设备总能耗小于某一上限；约束(4.10)～(4.11)为决策变量的定义，$x_{jbm}=1$ 表示工件 j 被分配到批 b，并安排到批设备 m 进行加工，$z_{bm}=1$ 表示批 b 被分配到批设备 m 进行加工。

4.2.2　带邻域搜索的混合遗传算法

4.2.2.1　混合遗传算法概述

结合本节数学模型以及编解码方式，我们提出了混合遗传算法框架图，如图 4.3 所示。与传统遗传算法相比，混合遗传算法的新颖之处在于：①为加快收敛速度，引入局部搜索算法；②开始时需要先进行组批编码并设置能耗约束；③精英保留策略。图 4.3 中灰色部分为相应改进的部分，虚线框内是精英保留策略的实施步骤。

由图 4.3 可以看出，每一次迭代过程都需要交叉、变异和局部搜索过程，每个过程都要经过图中的约束处理及种群更新流程才能进入下一个操作算子。种群中的个体分别与个体最优解和种群最优解进行交叉，然后进行个体自身变异和局部搜索。退出条件设置为两种，一是设定迭代次数，二是设定最优解没有变化的代数。

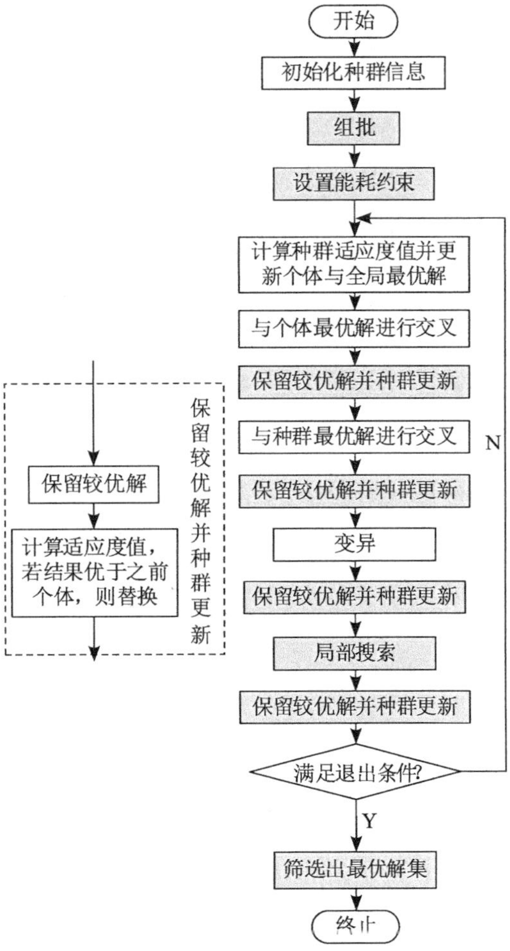

图 4.3　混合遗传算法流程图

4.2.2.2　工件组批

Pinedo 提出的 LPT(Longest Processing Time first，最长加工时间优先)规则是求解以 Makespan 为目标的并行机调度问题较好的算法[218]。对于工件具有不同尺寸的组批问题，当不考虑工件到达时间时，组批调度可以看作是一个装箱问题[219]，对于该问题

FFLPT(First Fit LPT)[220]规则和 BFLPT(Best Fit LPT)[221]规则是两种比较有效的启发式规则。我们采用这两种启发式规则进行组批。

FFLPT 规则如下：

步骤 1： 全部工件按照工件加工时间非增排序；
步骤 2： 选择未分配工件序列中的第一个工件，将该工件分配到第一个可以容纳该工件的批中，如果没有找到可以容纳该工件的批，则将该工件放入新建批中；
步骤 3： 重复步骤 2 中的操作，直到所有工件都被分配。

BFLPT 规则如下：

步骤 1： 全部工件按照工件加工时间非增排序；
步骤 2： 选择未分配工件序列中的第一个工件，在所有可以容纳该工件的批中，找出剩余容量最小的批次，将该工件放入；
步骤 3： 重复步骤 2 中的操作，直到所有工件都被分配。

以 10 个工件为例，分别按照上述分批规则进行分批，表 4.1 为 10 个工件的具体属性信息，机器容量设为 40。

表 4.1　工件详细属性信息

工件	工件尺寸	到达时间	加工时间
1	7	5	17
2	22	24	46
3	18	9	18
4	18	16	21
5	27	5	11
6	26	18	36
7	20	8	12
8	3	20	45
9	2	21	17
10	21	23	32

根据 FFLPT 和 BFLPT 规则，产生的批次如下：

表 4.2　FFLPT 规则产生批次

批	工件	批到达时间	批加工时间
1	1，2，8，9	24	46
2	6	18	36
3	4，10	23	32
4	3，7	9	18
5	5	5	11

表 4.3　BFLPT 规则产生批次

批	工件	批到达时间	批加工时间
1	2，8	24	46
2	1，6，9	21	36
3	4，10	23	32
4	3，7	9	18
5	5	5	11

4.2.2.3　混合 GA 细节描述

(1) 个体编码

个体编码以批为操作对象，针对此对象在批设备上进行加工的特点，本书采用实数编码方式。用一个长度为 n 的数组代表 n 个批，数组中的位置代表相应的批次，在批对应的位置赋予批设备编号值，代表该批被分配到该批设备上进行加工。假设有 15 个批分配到 3 个批设备进行加工，一种可能的分配方式可以编码为如图 4.4 所示数组：

[1 2 3 1 2 3 1 2 1 3 3 2 1 3 2]

图 4.4　编码示意图

以上编码的解释为：批 1，4，7，9，13 被分配到一号批设备，批 2，5，8，12 被分配到二号批设备，批 3，6，11，14 被分配到三号批设备。

(2) 交叉操作

采用单点交叉策略，对种群中的两个个体 $Individual1$ 和 $Individual2$，生成随机数 $r1 \in (0,1)$，根据 $r1$ 产生交叉点

$$cpoint = ceil(r1 * B); \tag{4.12}$$

B 为批的数量，即为个体数组的长度，$ceil(x)$ 取靠近 x 的整数中较大的一个。将 $cpoint$ 看做 $Individual1$ 和 $Individual2$ 一个切点，将切点两侧分别看作两个子串，将右侧的子串分别交换得到两个新的个体 $Individual1'$ 和 $Individual2'$，交叉后需要比较两个个体的适应度值而选出较优者，交叉具体操作如图 4.5 所示。

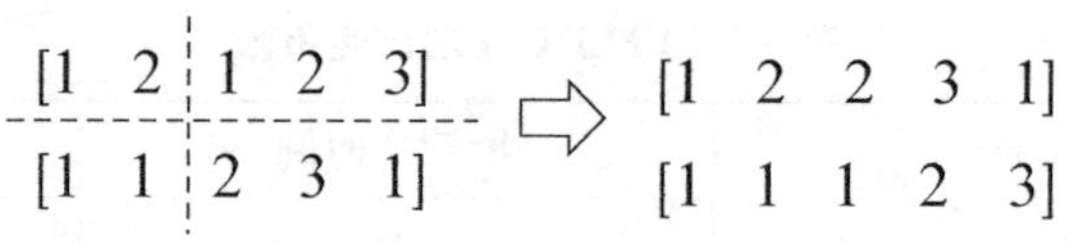

图 4.5　交叉算子示意图

(3) 变异操作

采用双位点变异策略，即将不同批设备中板坯进行交换。对种群中的个体 $Individual$，分别产生两个随机数 $r1 \in (0, 1)$ 和 $r2 \in (0, 1)$，然后根据这两个随机数再产生两个随机数代表取到的不同批设备中的板坯，如式(4.13)和(4.14)所示。

$$mpoint1 = ceil(r1 * B) \tag{4.13}$$

$$mpoint2 = ceil(r2 * B) \tag{4.14}$$

同一个批设备中的不同工件交换的变异没有任何意义，故如果个体数组中 $mpoint1$ 和 $mpoint2$ 两个位置的值相等，根据编码方式，说明两个批在同一个批设备，则需要重新生成 $r2$ 和 $mpoint2$，直到两个位置的值不相等为止。变异操作流程如图 4.6 所示。

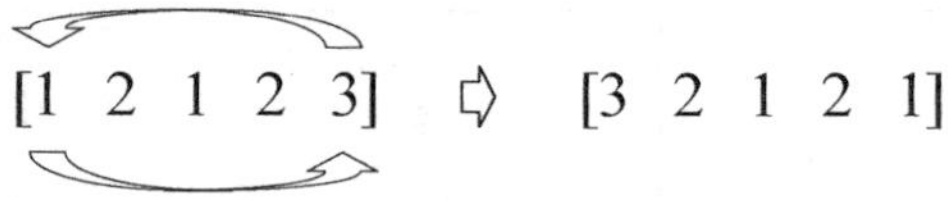

图 4.6　变异算子示意图

(4) 局部搜索策略

为使算法在探索到较优解时可以在其附近搜索更优的解，我们设计了局部邻域搜索策略，以兼顾算法搜索广度(Exploration)和深度(Exploitation)的范围。在个体 $Individual_i$ 内随机选取一个批，先产生随机数 $r1 \in (0, 1)$，然后根据该随机数再产生另外一个随机数代表取到某个批设备中的批，如式(4.15)所示。

$$lpoint = ceil(r1 * B) \tag{4.15}$$

将 $lpoint$ 处的值分别设为除当前值之外小于等于批设备数量 M 的所有值，则会生成 $M-1$ 个局部可行解，然后根据适应度值选出最优解。以 5 个批和 3 个批设备为例，局部搜索操作过程如图 4.7 所示。

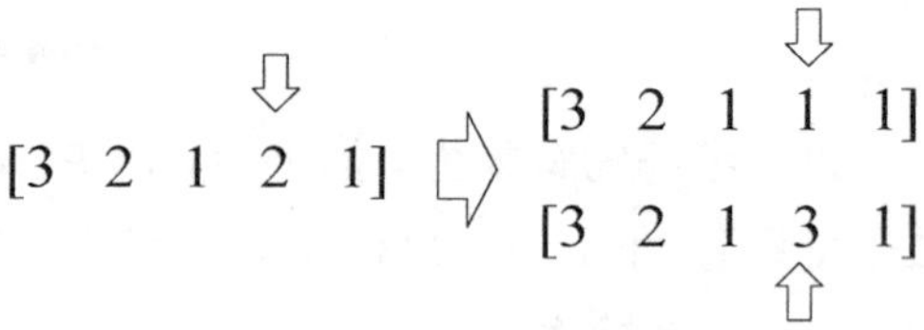

图 4.7　局部搜索操作示意图

(5) 精英保留策略

为保存较优解集并筛选出最优解集，在迭代前设置可行解集 $Solution_{all}$ 为空，进入迭代程序后，对于每一个能耗值小于 $E_{\max}$ 的解 $Individual_{new}$，先判断 $Solution_{all}$ 中能否找到能耗与 $Individual_{new}$ 的能耗相等的解 $Solution_{exist}$，如果找到则判断 $Individual_{new}$ 的 $C_{\max}$ 是否小于 $Solution_{exist}$ 的 $C_{\max}$，如果是则用 $Individual_{new}$ 替换 $Solution_{exist}$，否则不替换。如果 $Solution_{all}$ 中找不到能耗与 $Individual_{new}$ 的能耗相等的解，则将 $Individual_{new}$ 添加到

$Solution_{all}$。

从解集 $Solution_{all}$ 中选出符合较优前沿面的解集 $Solution_{best}$。将 $Solution_{all}$ 中所有解按照能耗从小到大进行排序，然后从第二个解开始遍历，如果当前个体 $Solution_{now}$ 的 C_{max} 小于前一个解 $Solution_{last}$，则取出该然后加入 $Solution_{best}$。

(6) 能耗约束

设置能耗约束值，在每次得到新种群的同时计算该种群中每个个体对应的能耗值，若该值超过约束上限，则舍弃该个体，保证种群中所有个体的能耗都在限定范围内。

(7) 停止准则

当混合 GA 满足下面 2 个条件中的一个时则迭代停止：①设定最大进化代数，达到给定的最大代数 *Iter* 即终止算法；②算法连续进行若干次 (*Gap* 次) 迭代，在此迭代过程中如果全局最优解(最优个体的适应度值)没有改变，则算法终止。其中 *Iter* 和 *Gap* 都是由经验给出。

4.3 案例研究

4.3.1 实验参数设置

本节分别对不同规模(轧辊数量不同)的实例进行仿真实验。实验中本书采用 Chou[222] 提出的测试算例生成规则产生实验数据。其中，小规模的轧辊数量 $N=20$，中规模和大规模的轧辊数量分别为 $N=50$ 和 $N=100$。以 20 个轧辊为例，其各种参数值如表 4.4 所示。高温炉的容积 C 设定为 40 m^3，高温炉的数量设为 3 台，即 $M=3$。3 台热高温炉功耗分别为 1,2,3(100 kW)。E_{max} 是根据启发式算法得到的可行解的能耗值设定。经反复试验，混合 GA 和标准 GA 的最大迭代次数设为 $Iter=200$，初始种群数目设为 $NIND=200$。算法中交叉操作概率取为 80%，变异操作概率取为 5%。

表 4.4　轧辊属性值(20 个)

属性及序号		相应属性值									
加工时间(小时)	1～10	19	17	35	42	22	40	36	9	33	24
	10～20	45	9	27	25	27	39	21	40	27	10
达到时间(小时)	1～10	13	2	18	14	21	21	19	10	2	9
	10～20	16	20	12	25	22	30	16	10	3	18
尺寸(m^3)	1～10	7	26	17	6	12	22	7	26	9	33
	10～20	10	27	7	11	4	21	24	20	15	23

本实验在 Matlab 2013a 上实现，运行于 Windows 7 操作系统的 PC 机(Intel Core i5/CPU2.4GHZ/ RAM 4.0G)上。

4.3.2 实验结果

根据 4.3.1 节设置的实验参数，得到结果如图 4.8～图 4.10 所示，分别表示不同轧辊规模下并行高温炉的调度结果以及与其他算法结果的对比图。为了更清楚地表现本章结果与两种启发式算法和标准 GA 的对比，我们分别绘制了不同轧辊规模的能耗与 C_{max} 对应关系图及的局部放大图，可以更清楚地看出本书算法的优越性。

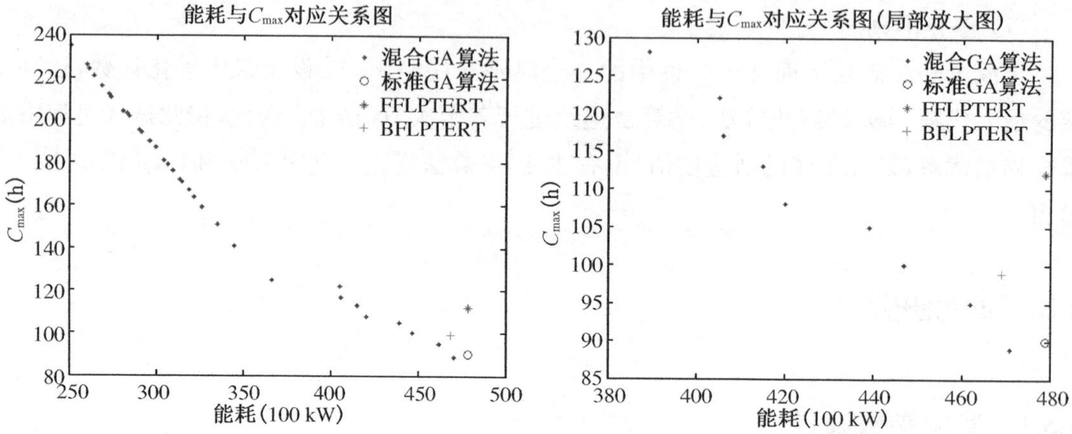

图 4.8　轧辊数为 20 求解结果

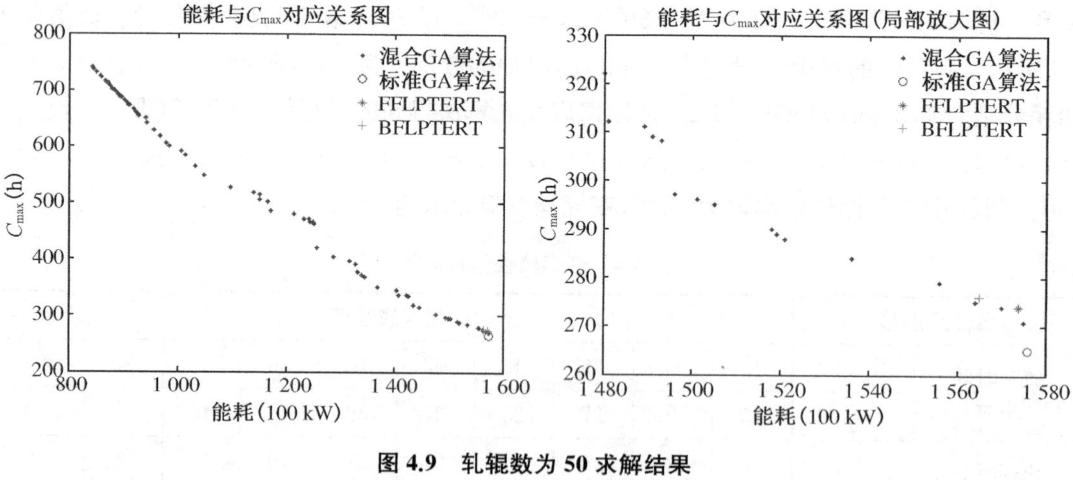

图 4.9　轧辊数为 50 求解结果

需要说明的是，这里用来对照的两种启发式算法是经过 FFLPT 和 BFLPT 组批之后，在批次分配时又采用最早到达时间优先加工的(Earlist release time，ERT)规则生成的，分别称之为 FFLPTERT 和 BFLPTERT[219]。选择 ERT 启发式算法的原因在于，在组批时我们没有考虑工件的到达时间，而只考虑工件加工时间和尺寸，这可能会造成到达时间差别很大的工件组成一批，影响生产效率。而在将批次分配给并行机加工时需要着重考虑工件

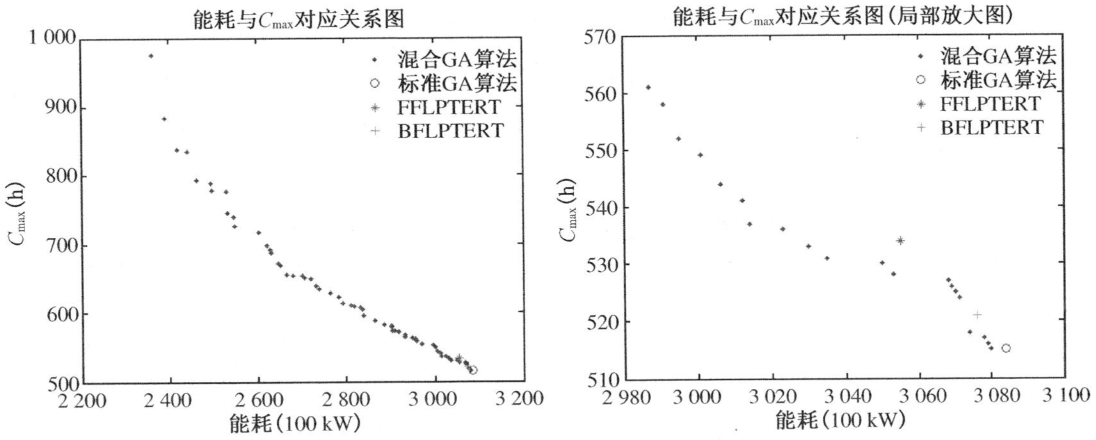

图 4.10　轧辊数为 100 求解结果

的到达时间，比较常用的就是 ERT 规则。因而，将二者进行组合有利于降低整个加工流程的完工时间。

FFLPTERT 规则如下：

步骤 1：将工件按照 FFLPT 规则组批。

步骤 2：全部批次按照批次到达时间非减序排列得到工件序列 L，其中批次的到达时间以批内最晚到达工件的到达时间为准。

步骤 3：将 L 中的工件依次放入第一个空闲的批处理机；若同时有多个机器空闲，则选择功耗最低的机器加工。

步骤 4：重复步骤 3 中的操作，直到所有批都被分配。

同理可知 BFLPTERT 规则的流程，这里不再赘述。从图 4.8～图 4.10 中可见，星形点形成了混合 GA 在不同能耗约束下的 C_{max} 走势图，近似于 Pareto 前沿面，可以发现两类指标之间存在冲突关系；而其他几种算法由于不考虑能耗因素，故仅能得到各自唯一的 C_{max} 优化值，然后计算得到相应的能耗。混合 GA 得到的近似 Pareto 前沿面上的解位于其他算法得到的解的左下方，说明该前沿面上的解对其他算法的解都是占优的，即在相同的能耗约束值下，我们提出的算法取得了更小的 C_{max}。同时，其他算法求得的解对应的能耗值往往较高，位于横坐标右端，说明这些算法无法应对总能耗有限制的情况；而本章提出的协同模型可以在不同的能耗约束下到相应的 C_{max} 优化解，满足了生产需求。以 100 个轧辊为例，图 4.10 显示了不同能耗约束下优化得到的最优 C_{max} 散点图，实际生产中可以根据不同的总能耗约束要求选择相应的生产方案。

为了更具体地表达本章所提算法和两种启发式算法的对比效果，我们针对三种不同的轧辊规模进行求解，分别取 C_{max} 较优的 6～8 个解与两种启发式算法作对比，计算所提算法的 C_{max} 降低百分比，如表 4.5～表 4.7 所示。为了在表中便于展示，做如下简写：用 BFLE-C

代表 BFLPTERT-C，表示 BFLPTERT 算法求得解的最大完工时间；BFLE-E 代表 BFLPTERT-E，表示 BFLPTERT 算法求得解的能耗；FFLE-C 代表 FFLPTERT-C，表示 FFLPTERT 算法求得解的最大完工时间，FFLE-E 代表 FFLPTERT-E，表示 FFLPTERT 算法求得解的能耗。GA-C 和 GA-E 分别代表标准 GA 算法求得解的最大完工时间和总能耗。

表 4.5　混合 GA 相对于两种启发式算法降低比例(20 个工件)

当前解 对比算法	1	2	3	4	5	6
BFLE-C	−12.389%	−8.333%	−5.714%	−1.000%	4.211%	11.236%
BFLE-E	13.012%	11.667%	6.834%	4.922%	1.515%	−0.425%
FFLE-C	−0.885%	3.704%	6.667%	12.000%	17.894%	25.843%
FFLE-E	15.422%	14.048%	9.112%	7.159%	3.680%	1.699%
GA-C	−20.354%	−16.667%	−14.286%	−10.000%	−5.263%	1.124%
GA-E	15.422%	14.048%	9.112%	7.159%	3.680%	1.699%

表 4.6　混合 GA 相对于两种启发式算法降低比例(50 个工件)

当前解 对比算法	1	2	3	4	5	6
BFLE-C	−4.167%	−2.817%	−1.075%	0.364%	0.730%	1.845%
BFLE-E	2.893%	1.888%	0.578%	0.064%	−0.318%	−0.635%
FFLE-C	−4.861%	−3.521%	−1.792%	−0.364%	0	1.107%
FFLE-E	3.485%	2.474%	1.157%	0.639%	0.255%	−0.063%
GA-C	−7.986%	−6.690%	−5.018%	−3.636%	−3.285%	−2.214%
GA-E	3.616%	2.604%	1.285%	0.767%	0.382%	0.063%

表 4.7　混合 GA 相对于两种启发式算法降低比例(100 个工件)

当前解 对比算法	1	2	3	4	5	6	7	8
BFLE-C	−2.799%	−2.251%	−1.883%	−1.698%	−1.326%	−1.139%	0.579%	0.774%
BFLE-E	1.753%	1.518%	1.351%	0.852%	0.753%	0.261%	0.065%	−0.065%
FFLE-C	−0.373%	0.188%	0.565%	0.755%	1.136%	1.328%	3.089%	3.288%
FFLE-E	1.059%	0.825%	0.659%	0.164%	0.066%	−0.424%	−0.618%	−0.747%
GA-C	−3.918%	−3.377%	−3.013%	−2.830%	−2.462%	−2.277%	−0.579%	−0.387%
GA-E	2.018%	1.782%	1.614%	1.115%	1.015%	0.522%	0.325%	0.195%

同样以 100 个轧辊的案例为例，由表 4.7 可以看出，本书算法可以找出 $C_{\max}$ 和能耗均优于两种启发式算法的解。例如表 4.7 第 7 列的解 $C_{\max}$ 与能耗相对 BFLPTERT 算法分别降低了 0.579%和 0.065%；而第 3 列中的解相对于 FFLPTERT 算法 $C_{\max}$ 和能耗分别降低了 0.565%和 0.659%；第 4 列的解 $C_{\max}$ 与能耗相对 FFLPTERT 算法分别降低了 0.755%和 0.164%，证明了本算法的有效性。

不过，有些解的表现则有所不同，例如第 3 列的解相对于 BFLPTERT 算法 $C_{\max}$ 虽高了 1.883%，但是能耗低了 1.351%，相对于标准 GA $C_{\max}$ 虽高了 3.013%，但是能耗低了 1.614%；同样第 8 列的解相对于 FFLPTERT 算法能耗虽高了 0.747%，但 $C_{\max}$ 降低了 3.288%，相对于标准 GA，$C_{\max}$ 虽高了 0.387%，但能耗降低了 0.195%。这说明 $C_{\max}$ 和总能耗存在冲突关系，即追求 $C_{\max}$ 的降低可能引起能耗的增加。反之，追求 C_{max} 的增加可能引起能耗的降低。

综合比较表 4.5—表 4.7，无论对比启发式算法还是标准 GA，都可看出随着轧辊数量的增加混合 GA 的优化比例逐渐减小。这说明随着轧辊数量的增加，问题的求解难度剧增，混合 GA 的寻优能力略有减弱，故未来可以继续研究大规模问题下更为有效的求解算法。

4.4　本章小结

本章研究了并行批处理机组批调度问题，以最小化最大完工时间为目标，考虑工件到达时间和尺寸的不同。为了满足企业能耗限制的要求，在约束中加入总能耗约束，使得企业在实际生产时可以根据不同的能耗水平选择 $C_{\max}$ 最小的生产方案，以尽可能提前订单的交货期。设计了一种考虑能耗约束和精英保留策略的混合 GA，在求解过程中引入邻域搜索策略，扩宽了搜索广度和深度。从案例分析中得到以下结论：①实验结果表明，所提算法能够高效地寻找到各个能耗约束下的最优 $C_{\max}$，与两种经典启发式算法及标准 GA 对比优化效果明显；②混合 GA 算法在问题规模较小时优势明显，随着轧辊数量的增加，混合 GA 算法的优势略有下降；③为了应对企业供能限制，在约束中加入总能耗约束，使得企业在实际生产时可以根据能耗供应要求选择最大完工时间最小的生产方案。

第 5 章　考虑能耗和生产指标的多目标协同优化

第 3 章和第 4 章分别研究了两种不同的生产调度和能源管理主从式协同优化模式。本章研究两者的交互式协同优化，即同时将能耗和生产目标作为优化目标，寻找该多目标优化问题的 Pareto 优化解集。此外，在第 4 章批调度确定性问题的基础上，引入加工时间、交货期和煤气热值的不确定性，研究模糊环境下的多目标寻优方法，并结合钢铁热轧工序中保温坑这一高耗能批处理设备，验证了模型和方法的有效性。

5.1　问题描述

热处理工艺是耗能最高的制造过程之一。例如，热轧工艺前的钢坯加热阶段占到整个热轧工艺能耗的 70%(2～2.4 GJ/t)。这些热处理工艺具有巨大的节能潜力，探索高效的生产调度方案就是其中极具前景的方法之一[45]。同时，从图 5.1 可以看出，气体燃耗在总体能源物质消耗中占有很大比例。近年来，一些研究关注制造过程中的调度问题，在提升能

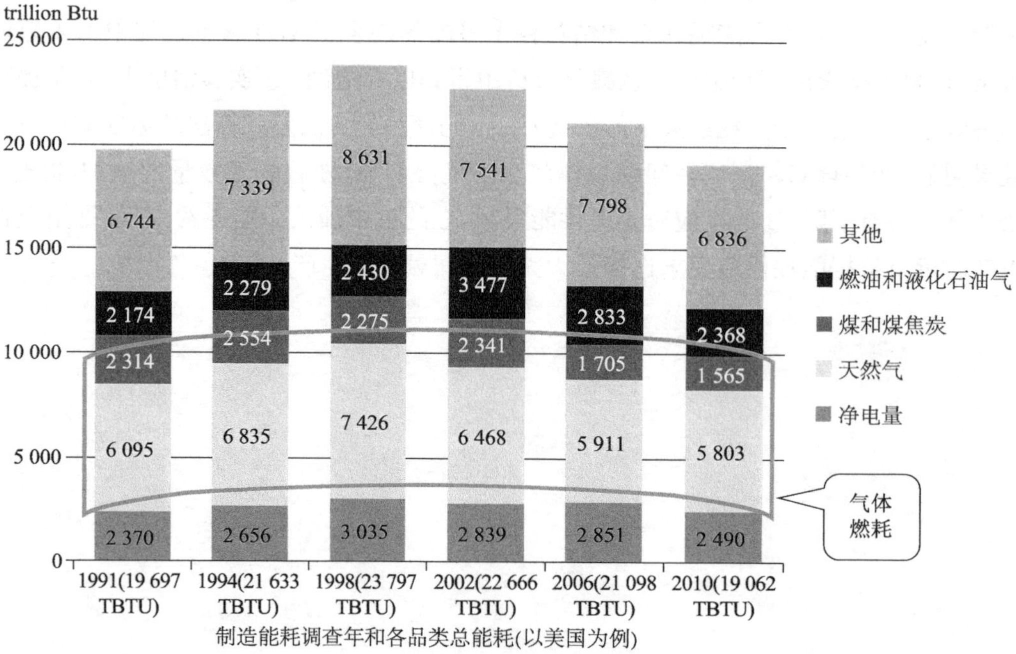

图 5.1　能源物质消耗占比

源效率的同时考虑了诸如峰值负载功率[111]、碳足迹[142]、分时电价[223]和实时电价[224]等因素。也有一些研究旨在同时优化能源和生产相关的目标。例如，Liu 等人[154]研究了考虑碳排放和总拖期时间的组批调度问题。Luo 等人[156]研究了混合流水车间的电力成本和最大完工时间最小化的问题，其他相关研究在 1.4.3.2 节中已有阐述。这些关于高能效调度的研究大部分集中于研究与电能相关的能耗指标，而且其输入参数(如加工时间和交货期)和目标(如总能耗和完工时间)都设定为确定值。

然而，在热处理设备中存在着显著的不确定性，在调度时有必要考虑这些不确定性因素。如图 5.2 所示，在热轧工艺中，加热所需的主要能源是混合煤气(其中含有氢气、一氧化碳、甲烷等成分)，这一混合煤气来自 COG 和 BFG[225]。而总能耗由每种煤气的消耗量及其热值的乘积计算得到。实际生产中热值往往采用经验值，然而数据的不确定性以及煤气成分的不确定性使得总能耗也具有不确定性。同时，很多关键的过程参数也不确定，在研究调度方案时，这些参数仅仅被松散地定义。比如，一个批次的加热时间可能介于 25～35 分钟，而其在加工阶段的实际取值则凭经验在这一区间随机选取。由于参数的这种内在不确定性，加热时间的真实值在进行调度时往往是未知的。

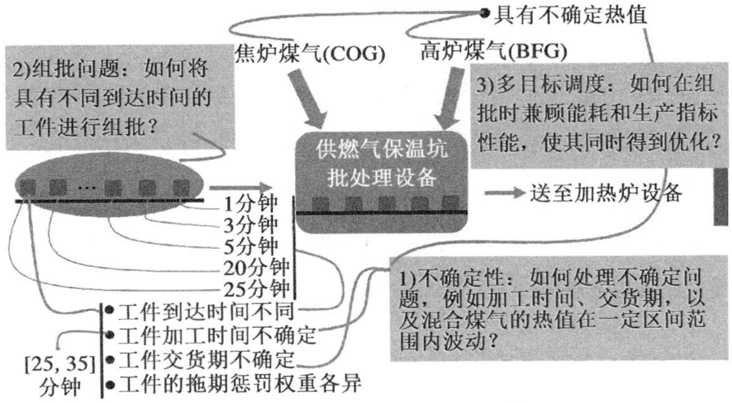

图 5.2　批处理设备问题描述示意图

一般而言，描述变量的不确定性有两种方法：随机数和模糊数。很多时候由于很难从实际中获取足够的数据来描述不确定变量的分布情况，因而模糊数方法具有更显著的优势。此外，在调度的问题中，一些随机调度模型的计算成本很高，并且难于在实际生产中应用。基于此，本章利用模糊逻辑方法研究不确定性。从文献报告中了解到，相比于随机数方法，模糊逻辑在计算上更简单、更快捷，也提供了更多的灵活性。比如，Huang 和 Süer[226]基于分派规则遗传算法和模糊满足水平研究了作业车间环境下如何安排工件加工顺序的多目标调度问题，在以最小化最大完工时间、平均流动时间、最大拖期时间和总拖期时间为目标的问题中通过两个层面的模糊满意度评价解的优劣，最终通过建立模糊规划模型得到满意的调度方案。不过他们的研究仍是基于确定性问题而言。Nailwal 等人[227]研究了并行机环境下同时优化流动时间和最大拖期时间的模糊双目标调度问题并采用一种启发式算法求解。Cheng 等人[228]将模糊加工时间用于批机调度问题以最小化最大完工时间，不过，他们并没有考虑能源相关目标及其不确定性。

综上所述，本章将研究一类典型的批处理设备组批调度问题，提出一种最小化混合煤气总能耗和总拖期时间的模型。该模型通过一种新颖的基于模糊逻辑的多目标混合整数规划模型得到，并采用带模糊占优机制的 NSGA-Ⅱ算法求解。模型中考虑气体热值、加工时间和交货期的不确定性。

5.2 数学模型

不失一般性，考虑一个供煤气热处理装置的组批调度问题，假设有 n 个工件，每个工件有不同的到达时间。有两种类型的煤气供应到该热处理炉中，即焦炉煤气和高炉煤气。假设当热处理炉处在空闲阶段时其煤气流量远小于工作阶段的煤气流量，空闲阶段供应的煤气仅用于维持炉温。该问题中也不考虑热处理炉的中断和停机的情况。每一个批次的加工时间由同批次中加工时间最长的工件决定。

5.2.1 气体能耗

由于煤气中的可燃气成分比例（如氢气、甲烷等）会发生变化，焦炉煤气和高炉煤气的热值会经常波动。针对这种问题，热值可以表示为模糊数，即 $\widetilde{h}_{COG}$ 和 $\widetilde{h}_{BFG}$（单位 MJ/m^3）。在空闲阶段和加热阶段，焦炉煤气和高炉煤气的流量可以分别表示为 f^i_{COG}，f^i_{BFG}，f^s_{COG} 和 f^s_{BFG}（单位 m^3/min）。由于每个批次的加工时间以及批与批之间的空闲时间都是不确定的，假设一个给定的批调度方案 π 包含 m 个批次，则总能耗可以表示为

$$\begin{aligned}\widetilde{E}(\pi) &= \widetilde{E}(\pi)_s + \widetilde{E}(\pi)_i \\ &= \sum_{j=1}^{m}\{(\widetilde{h}_{COG}\cdot f^s_{COG}+\widetilde{h}_{BFG}\cdot f^s_{BFG})\cdot \widetilde{T}^s_j \\ &\quad + (\widetilde{h}_{COG}\cdot f^i_{COG}+\widetilde{h}_{BFG}\cdot f^i_{BFG})\cdot \widetilde{T}^i_j\},\end{aligned} \tag{5.1}$$

其中，$\widetilde{T}^s_j$ 表示第 j 批次 B_j 的加工时间，$\widetilde{T}^i_j$ 表示批次 B_{j-1} 和 B_j 之间的空闲时间（$\widetilde{T}^s_j$ 和 $\widetilde{T}^i_j$ 都是模糊数）。从前面的假设可以得到，

$$\widetilde{T}^s_j = \max\nolimits_{J_i} \in B_j(\widetilde{t}_i), \tag{5.2}$$

其中，J_i 表示批次 B_j 中的第 i 个工件，$\widetilde{t}_i$ 是其额定加工时间。

5.2.2 不确定环境下组批调度模型的建立

拖期时间是评价一个调度方案性能优劣的关键指标。为了保证调度方案能够尽可能满足客户的需求，由于每个工件的到达时刻不同，必须在组批时做出决定是否等待更多工

件到达，抑或开始加工一个未满容量的批次。前者可能会让已经在等待的工件耽误时间更长，而后者由于未能充分利用批机的加工容量可能导致能耗更高。假设每个工件 J_i 的交货期是 $\widetilde{d}_i$，这里的交货期有时也是模糊的。那么，J_i 的拖期时间可以定义为

$$\widetilde{T}_i = \max(0, \widetilde{C}_i - \widetilde{d}_i), \tag{5.3}$$

其中，$\widetilde{C}_i$ 是 J_i 的完工时间。假设 J_i 的拖期惩罚权重是 w_i，则总加权拖期时间可以表示成

$$\widetilde{TWT} = \sum_{i=1}^{n} (w_i \cdot \widetilde{T}_i). \tag{5.4}$$

基于上述关系，该问题可以表述为一个批处理机模糊多目标整数规划模型。对模型的优化求解可以找到最小化总煤气能耗和总加权拖期时间的组批调度方案。该模型的数学表达如下：

$$\min \widetilde{E}(\pi)$$

$$\min \widetilde{TWT}$$

$$s.t.$$

$$\sum_{j=1}^{m} X_{ij} = 1;\ \forall i = 1, \cdots, n \tag{5.5}$$

$$\sum_{i=1}^{n} X_{ij} \leqslant C;\ \forall j = 1, \cdots, m \tag{5.6}$$

$$r_i \cdot X_{ij} \leqslant \widetilde{R}_j;\ \forall i = 1, 2, \cdots, n, j = 1, 2, \cdots, m \tag{5.7}$$

$$\widetilde{t}_i \cdot X_{ij} \leqslant \widetilde{T}_j^s;\ \forall i = 1, 2, \cdots, n, j = 1, 2, \cdots, m \tag{5.8}$$

$$\widetilde{R}_j + \widetilde{T}_j^s \leqslant \widetilde{C}_j;\ \forall j = 1, 2, \cdots, m \tag{5.9}$$

$$\widetilde{C}_{j-1} + \widetilde{T}_j^s \leqslant \widetilde{C}_j;\ \forall j = 1, 2, \cdots, m \tag{5.10}$$

$$\frac{n}{C} \leqslant m \leqslant n;\ m \in integer \tag{5.11}$$

$$X_{ij} \in \{0, 1\};\ \forall i = 1, 2, \cdots, n, j = 1, 2, \cdots, m \tag{5.12}$$

$$\widetilde{C}_j, \widetilde{R}_j, \widetilde{T}_j^s \geqslant 0;\ \forall j = 1, 2, \cdots, m \tag{5.13}$$

其中，如果工件 i 被指派到批次 j，则 X_{ij} 等于 1，反之等于 0。C 是热处理炉的容量。r_i 是工件 i 的到达时间，$\widetilde{R}_j$ 是批次 j 的开始加工时间。$\widetilde{C}_j$ 是批次 j 的完工时间。

约束(5.5)确保每个工件被且只被分配到一个批次中。约束(5.6)限制每个批次的工件数目不能超过热处理炉的容量。约束(5.7)和(5.8)表示每个批次的开始时间和加工时间。

约束(5.9)和(5.10)定义了 $\tilde{C}_j$ 并指明两个连续批次完工时间之间的关系。约束(5.11)给出了批次数目的限制。最后，约束(5.12)和(5.13)定义了变量的非负性和整数性。

5.3 模型展开和求解算法

5.3.1 基于模糊逻辑的模型展开

5.2 节建立了批处理机在不确定环境下组批调度问题的一般性模型。在热处理问题中具有不确定性的变量包括焦炉和高炉煤气热值，加工时间以及交货期。我们采用模糊逻辑的方法处理这些变量的不确定性。在模型中，我们将采用三角隶属度函数描述这些模糊参数[229]。

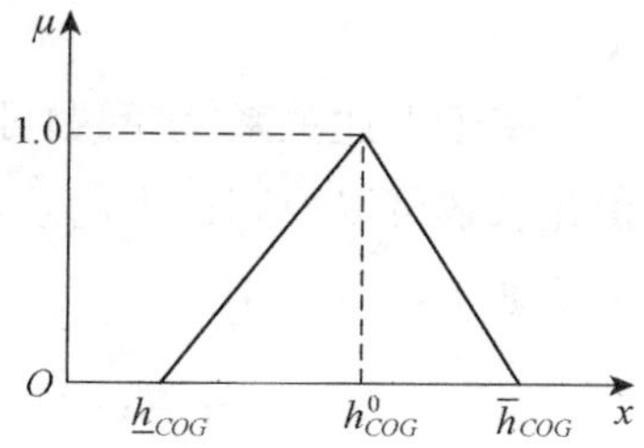

图 5.3 燃气热值的三角隶属度函数

假设热值由三元组表示，即 $\tilde{h}_{COG}=(\underline{h}_{COG},\ h^0_{COG},\ \overline{h}_{COG})$ 和 $\tilde{h}_{BFG}=(\underline{h}_{BFG},\ h^0_{BFG},\ \overline{h}_{BFG})$，其中 h^0_{COG} 和 h^0_{BFG} 表示两个热值的解模糊值(也就是可能性最大的取值)，$\underline{h}$ 和 $\overline{h}$ 是左右模糊边界。例如，对于 $\tilde{h}_{COG}$，其隶属度函数 $\mu_{\tilde{h}_{COG}}(x)$ 可定义为(如图 5.3 所示)：

$$\mu_{\tilde{h}_{COG}}(x)=\begin{cases}(x-\underline{h}_{COG})/(h^0_{COG}-\underline{h}_{COG}) & \underline{h}_{COG}\leqslant x\leqslant h^0_{COG}\\ (x-h^0_{COG})/(\overline{h}_{COG}-h^0_{COG}) & h^0_{COG}\leqslant x\leqslant \overline{h}_{COG}.\\ 0 & \text{否则.}\end{cases} \tag{5.14}$$

假设批次 j 的开始时间是 $\tilde{R}_j=(\underline{R}_j,\ R^0_j,\ \overline{R}_j)$，批次 j 的加工时间 $\tilde{T}^s_j=(\underline{T}^s_j,\ T^{s0}_j,\ \overline{T}^s_j)$，则批次 j 的完工时间可以通过模糊加法算子[230]得到，即 $\tilde{C}_j=(\underline{R}_j+\underline{T}^s_j,\ R^0_j+T^{s0}_j,\ \overline{R}_j+\overline{T}^s_j)$，如图 5.4 所示。

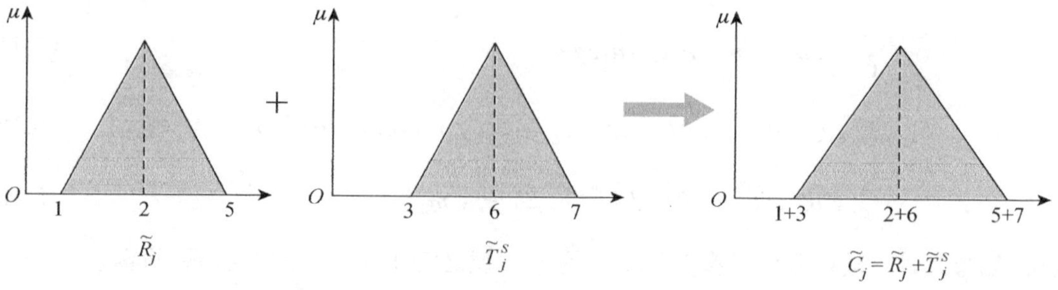

图 5.4 模糊加法运算(以批完工时间计算为例)

对于只有两个工件的批次而言，假设这两个工件的加工时间分别是 $\tilde{t}_{i1}=(\underline{t}_{i1},\ t_{i1}^{0},\ \overline{t}_{i1})$ 和 $\tilde{t}_{i2}=(\underline{t}_{i2},\ t_{i2}^{0},\ \overline{t}_{i2})$，则该批次的加工时间可由模糊取大算子得到，即 $\tilde{T}_j^s=\tilde{t}_{i1}\vee\tilde{t}_{i2}=(\underline{t}_{i1}\vee\underline{t}_{i2},t_{i1}^{0}\vee t_{i2}^{0},\ \overline{t}_{i1}\vee\overline{t}_{i2})$，如图 5.5 所示，其中 $\vee$ 表示取大运算符。根据 Zadeh 扩展原理[231]，其隶属度函数为 $\mu_{\tilde{t}_{i1}\vee\tilde{t}_{i2}}(z)=sup_{z=\tilde{t}_{i1}\vee\tilde{t}_{i2}}\{\min[\mu_{\tilde{t}_{i1}}(x),\mu_{\tilde{t}_{i2}}(y)]\}$，其中 sup 表示最小上界。对于多于两个工件的批次，可重复上述计算步骤得到该批次的 $\tilde{T}_j^s$ 和 $\mu_{\tilde{T}_j^s}(z)$。

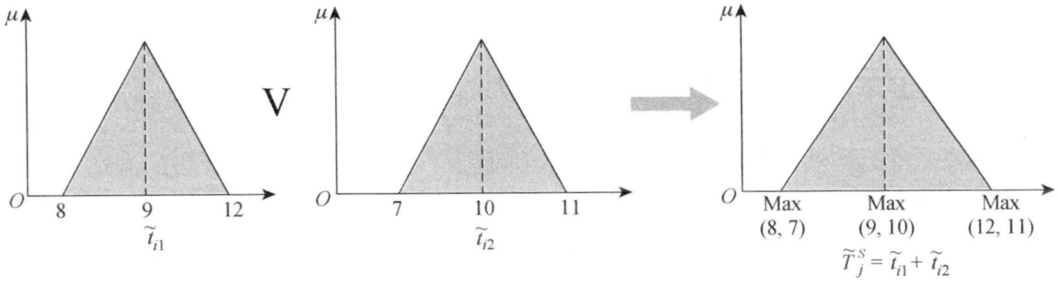

图 5.5　模糊取大运算(以批加工时间计算为例)

总能耗目标的计算可根据模糊乘法算子得到。以公式(5.1)中的一项因式 $\tilde{h}_{COG}\cdot\tilde{T}_j^s$ 为例，模糊乘法算子可表示为

$$\tilde{h}_{COG}\cdot\tilde{T}_j^s=[\min(\underline{h}_{COG}\cdot\underline{T}_j^s,\ \underline{h}_{COG}\cdot\overline{T}_j^s,\overline{h}_{COG}\cdot\underline{T}_j^s,\overline{h}_{COG}\cdot\overline{T}_j^s),\ h_{COG}^{0}\cdot T_j^{s0},\\ \max(\underline{h}_{COG}\cdot\underline{T}_j^s,\ \underline{h}_{COG}\cdot\overline{T}_j^s,\overline{h}_{COG}\cdot\underline{T}_j^s,\ \overline{h}_{COG}\cdot\overline{T}_j^s)] \tag{5.15}$$

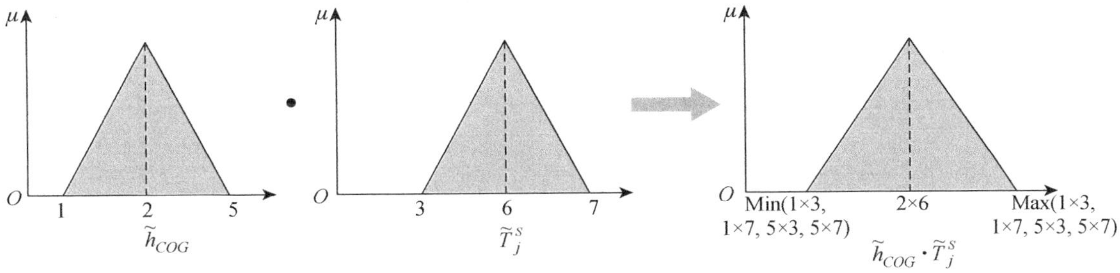

图 5.6　模糊乘法运算(以气体能耗计算为例)

如图 5.6 所示，然后，气体总能耗 $\tilde{E}(\pi)=(\underline{E}(\pi),\ E(\pi)^0,\overline{E}(\pi))$ 便可根据上式得到。

对于另外一个目标函数(公式(5.4))，假设第 i 个工件的完工时间 $\tilde{C}_i=(\underline{C}_i,\ C_i^0,\ \overline{C}_i)$，其交货期 $\tilde{d}_i=(\underline{d}_i,\ d_i^0,\ \overline{d}_i)$，根据模糊减法算子[228]，$\tilde{C}_i-\tilde{d}_i=(\overline{C}_i-\underline{d}_i,C_i^0-d_i^0,\ \underline{C}_i-\overline{d}_i)$，亦如图 5.7 所示。假设 $\tilde{T}_i=(\underline{T}_i,\ T_i^0,\ \overline{T}_i)$，那么总加权拖期时间可表示为

$$\widetilde{TWT}=\sum_{i=1}^{n}[(w_i\cdot\underline{T}_i,\ w_i\cdot T_i^0,\ w_i\cdot\overline{T}_i)] \tag{5.16}$$

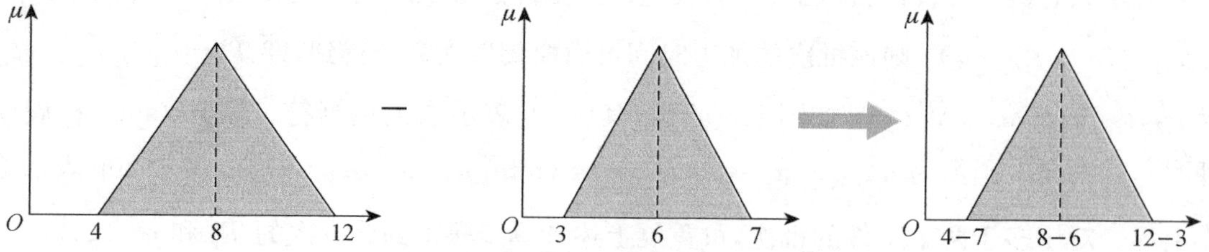

图 5.7　模糊减法运算(以批拖期时间计算为例)

5.3.2　不确定环境下基于 NSGA-Ⅱ的模型求解

前述的多目标组批调度问题是强 NP-hard 问题[154]，传统的运筹学方法无法适用，只能采用元启发式算法寻找满意的次优解。非占优排序遗传算法(The nondominated sorting genetic algorithm，NSGA-Ⅱ)作为一种多目标智能算法在求解这一优化问题时表现出色，也是目前被广泛采用的多目标算法[232]。由于所提出的模型是建立在模糊环境中，因而在此情形下需要引入广义占优概念。

对于两个目标的情况，如果一个组批调度方案的其中一个目标优于另一个方案的该目标，而且另一个目标也不比这个调度方案的差，那么该调度方案对另一个调度方案占优。以最小化问题为例，对于两个决策变量 x_A，$x_B \in X_f$（可行解集合）：

(1) 当且仅当 $\forall i = \{1, 2, \cdots, k\}$：$f_i(x_A) < f_i(x_B)$，那么 A 对 B 占优，记为 $x_A \succ x_B$；

(2) 当且仅当 $\forall i = \{1, 2, \cdots, k\}$：$f_i(x_A) \leqslant f_i(x_B)$，并且 $\exists i = \{1, 2, \cdots, k\}$：$f_i(x_A) < f_i(x_B)$，则称 A 对 B 弱占优，记为 $x_A \succcurlyeq x_B$ 。

(3) 当且仅当 A 既不对 B 占优，B 也不对 A 占优，则称 A 和 B 没有差别。

多目标占优机制亦如图 5.8 所示。

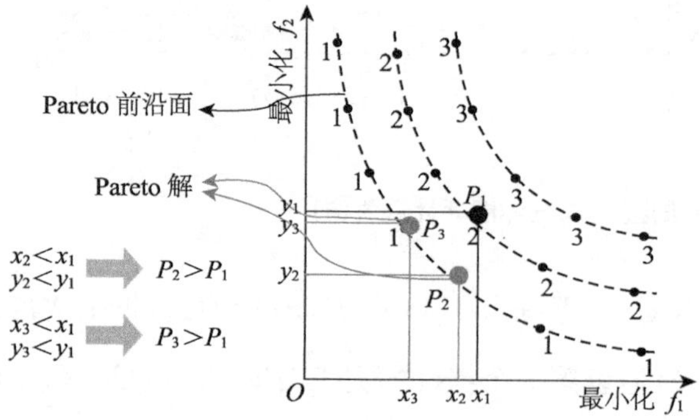

图 5.8　多目标 Pareto 占优示意图

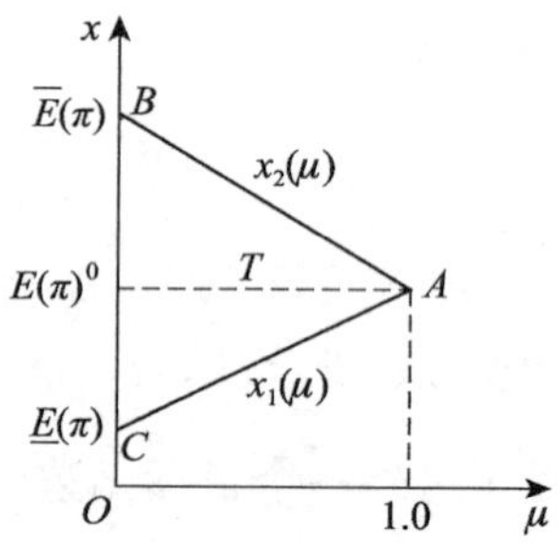

图 5.9　反隶属度函数

为了评价模糊参数的占优，在排序前，需要将这些模糊参数清晰化。我们采用基于重心距离方法进行排序[233]。例如，如果模糊气体总能耗 $\widetilde{E}(\pi)$ 具有如图 5.9 所示的模糊反隶属函数，那么 $\widetilde{E}(\pi)$ 的重心点是

$$\begin{cases} M_x = \dfrac{1}{2}\displaystyle\int_0^1 (x_2(\mu)^2 - x_1(\mu)^2)\mathrm{d}\mu \\ M_y = \displaystyle\int_0^1 \mu(x_2(\mu) - x_1(\mu))\mathrm{d}\mu \end{cases},\quad x_c = \frac{M_y}{T},\ y_c = \frac{M_x}{T}, \tag{5.17}$$

其中，x_c 和 y_c 是重心的坐标，T 表示多边形 ABC 的面积。最后，所有的模糊目标值根据重心到原点的欧式距离进行排序：

$$R = \sqrt{x_c^2 + y_c^2} \tag{5.18}$$

非占优排序遗传算法模仿生物进化过程，首先通过染色体编码生成初始解，这些初始解与后来生成的进化解逐代演化。在热处理组批调度问题中，每一个染色体代表了 n 个工件的一种组批调度方案。例如，假设有 6 个工件的到达时间满足 $r_1 \leqslant r_2 \leqslant \cdots \leqslant r_6$，向量[1，0，1，0，0，1]表示该染色体中 6 个基因的结构，其中每个基因随机赋值 0 或 1。“1”表示的是该工件是某批次的最后一个工件。对于上述例子的编码结构，J_1 被分配给批次 1(B_1)，J_2 和 J_3 分配给批次 2(B_2)；而 J_4、J_5，和 J_6 分配给批次 3(B_3)。由于基因值是随机选择的，某一批次的工件个数可能超过容量限制，因而初始编码可能产生不可行解。在这种情况下，我们需要采用检查纠正机制将超过容量的工件移动到新的批次中[154]，如图 5.10 所示。

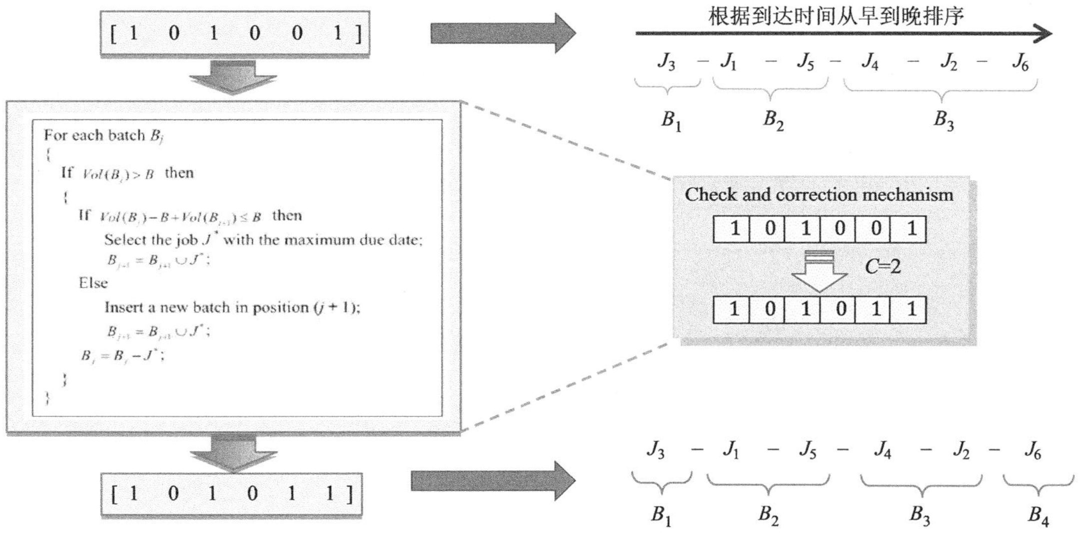

图 5.10　编码和校验机制示意图

模糊环境下 NSGA-Ⅱ算法的总体结构图如图 5.11 所示。我们已经讨论了其中的模糊参数的清晰化，编码方法，以及检验纠正机制。NSGA-Ⅱ算法的另一个重要环节是多目标解的排序问题。从图中很明显可以看到，该算法包含两个主要的排序策略，即非占优排序(Nondominated sorting)和拥挤距离排序(Crowding distance sorting)。非占优排序用于寻找构成 Pareto 前沿面的解，而拥挤距离排序计算前沿面上解的分散度，并保持解的多样性。

为了从父代种群生成子代种群，需要采用一些遗传进化标准算子。这些算子包括二进制锦标赛选择算子、部分匹配交叉算子（按 90%概率），以及变异算子（按 5%概率），如图 5.12 所示。同时，算法中还采用一种精英策略，将父代和子代的种群混合以提高遗传算法解集库的多样性。

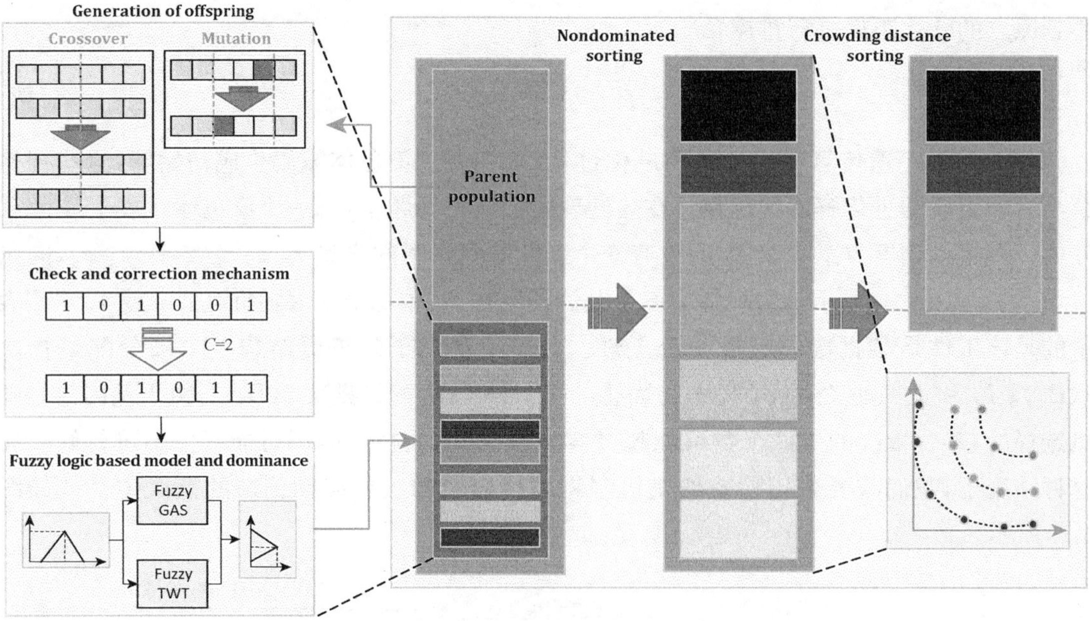

图 5.11　模糊环境下基于 NSGA-Ⅱ优化算法流程

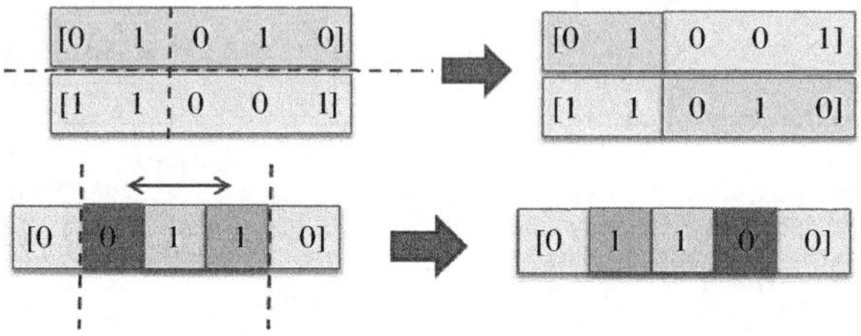

图 5.12　交叉和变异算子

5.4　案例研究

为了验证我们所提出的批处理机模糊多目标整数规划模型，我们考虑一种在热处理设备中的应用。如图 5.13 所示，在钢铁企业热轧工艺中，保温坑预处理阶段用来将钢坯加热到一定高的温度以进行后续操作。如图 5.14 所示，保温坑是一类典型的以耗燃气为主的批处理设备。从文献中了解到焦炉煤气和高炉煤气的热值（以模糊参数的形式）分别为 (16.72，18，18.81)MJ/m^3 和(3.34，3.5，4.18)MJ/m^3[234]。焦炉煤气和高炉煤气在保温坑工作状态下的流量分别为 5.7 m^3/min 和 51.3 m^3/min，而空闲状态下的流量假设是工作状态下的 1/4，其他参数取值如表 5.1 所示。

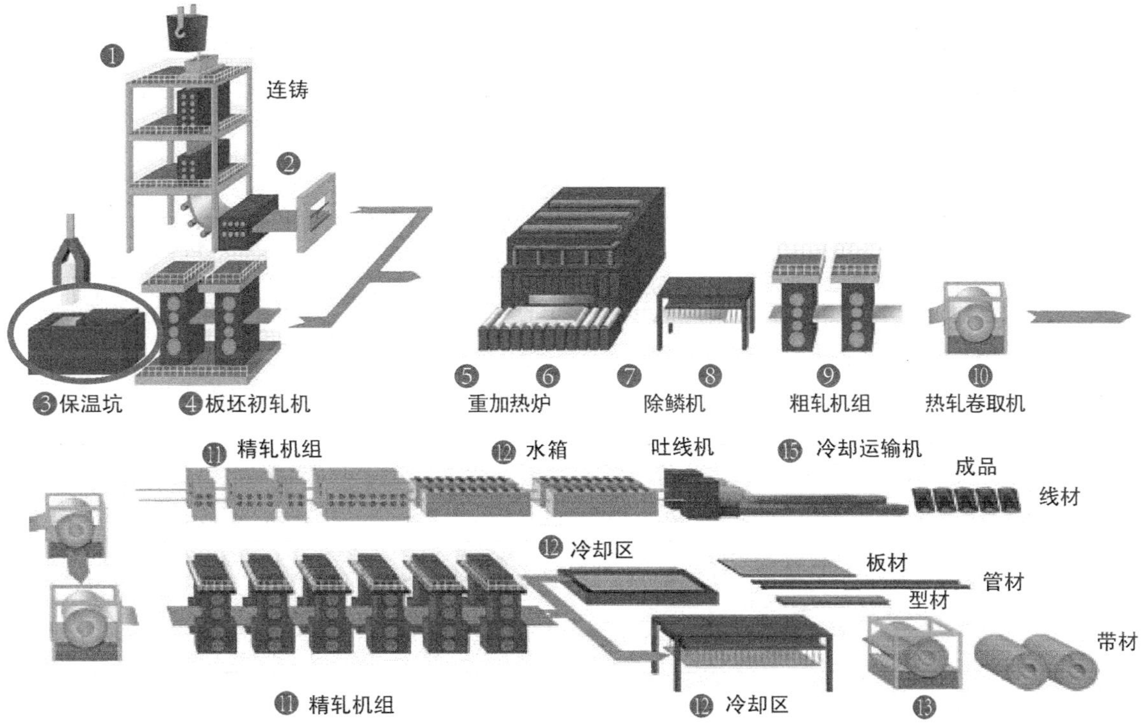

图 5.13　热轧工艺示意图[235]

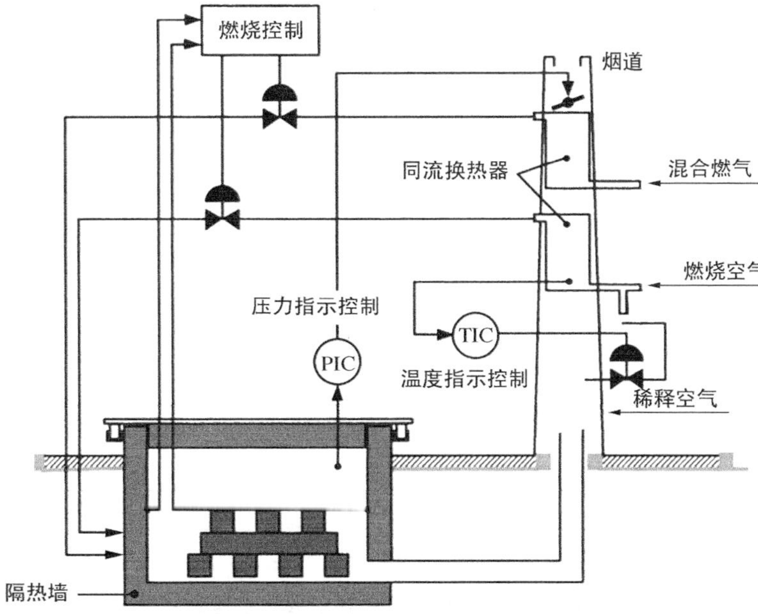

图 5.14　保温坑示意图[236]

表 5.1 中绝大多数的参数都与时间有关，为了验证模型的性能，其中还加入了一些调控参数。α 值越大使得到达时间更分散；β 值的增大会扩大到达时间和交货期之间的区间范围，使得该问题的约束度降低；γ 值控制钢坯交货期的延展度，值越大说明交货期延展度越宽。这三个参数能够让我们在不同的情形下验证模型。此外，δ 控制加工时间和交货期的“模糊延展度”，其值越大说明加工时间或交货期的模糊取值范围越宽，模糊性越强。

表 5.1　组批调度参数设置

每个钢坯的参数	描述
加工时间 (t_i^0)	服从离散均匀分布 Discrete U(11, 60)
到达时间 (r_i)	服从均匀分布 $U(0, \alpha \times C_{\max})$，$C_{\max} = \sum_{i=1}^{n} t_i^0 / C$，$\alpha \in \{2.3, 2.7\}$
交货期 (d_i^0)	服从均匀分布 $r_i + U(\mu - \mu\gamma/2, \mu + \mu\gamma/2)\mu = 220(1+\beta)$，$\beta \in \{0, 0.2\}$，$\gamma \in \{0.5, 1.5\}$
t_i^0 和 d_i^0 的模糊延展度	服从均匀分布 $U(1, \delta)$，$\delta \in \{5, 7.5, 10\}$
延迟惩罚权重 (w_i)	服从离散均匀分布 Discrete U(1, 10)

为了验证所提出模型的性能，钢坯的个数设为 50，保温坑的容量设为 6。算法中种群规模设为 50，进化代数设为 200。图 5.15—图 5.18 显示了模型在两个目标下的结果：总加权拖期时间 TWT 和煤气能耗 GEC。图中也显示了在不同调控参数设置下的 Pareto 前沿面，可以看出，TWT 和 GEC 在前沿面上存在冲突关系。总加权拖期时间降低时，煤气能耗变高，反之，总加权拖期时间增加时，煤气能耗变低。

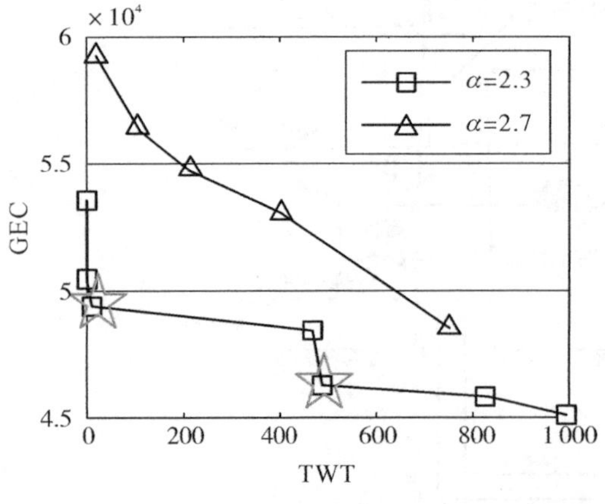

图 5.15　到达时间密集度不同时的 Pareto 前沿面

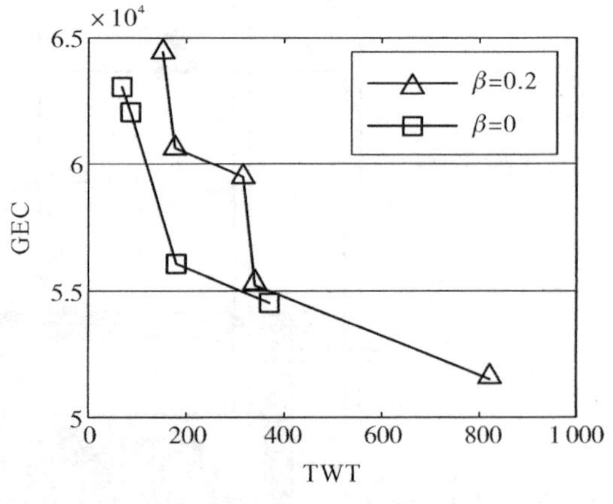

图 5.16　交货期紧张度不同时的 Pareto 前沿面

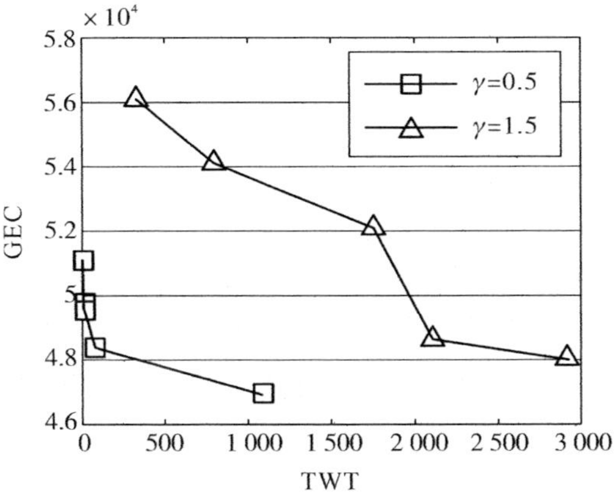

图 5.17　交货期密集度不同时的 Pareto 前沿面

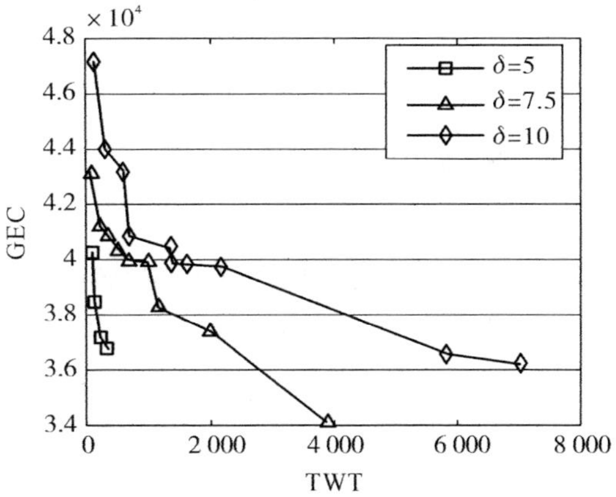

图 5.18　模糊延展度不同时的 Pareto 前沿面

图 5.15 由 $\beta=0.2$，$\gamma=0.5$ 和 $\delta=5$ 得到。当 α 增加时，即到达时间的延展度变大，保温坑单位时间的负载变少，使得总加权拖期时间增加。同时，到达时间的分布显著影响了煤气能耗。越小的到达时间因子（α）意味着钢坯到达保温坑的时间越集中，组批时保温坑的容量也会更充分的利用，因而煤气总能耗也会降低。

图 5.16 由 $\alpha=2.3$，$\gamma=0.5$ 和 $\delta=5$ 得到。当交货期紧张度因子（β）增加时，钢坯的交货许可时间变长，使得更多的钢坯可以在交货期前处理完毕，进而减少了总加权拖期时间。不过，β 的改变对于 GEC 的影响不太明显。

图 5.17 由 $\alpha=2.3$，$\beta=0.2$ 和 $\delta=5$ 得到。从图中可以看出，当交货期密集度因子（γ）增加时，钢坯的交货期更加分散，有的时间非常紧迫，有的时间非常宽裕，工件在交货期前完工的可能性降低，因而总加权拖期时间增加。同时，钢坯被组成一批的可能性也减小，这也导致煤气能耗升高。

图 5.18 由 $\alpha=2.3$，$\beta=0.2$ 和 $\gamma=0.5$ 得到，显示了加工时间和交货期在不同的模糊延展度下的 Pareto 前沿面。当模糊延展度增大时，帕累托解的多样性和间距也增大。不过，当加工时间和交货期的不确定性增大时，亦即模糊延展度增大时，总加权拖期时间和煤气能耗也都随即增加和上升。这也意味着加工时间和交货期的延展度越窄，越可以帮助生产管理者获得更优的调度方案（即目标函数值更优）。需要指出的是，由于 Pareto 前沿面上的每个点都是一个可行的组批调度方案，生产管理者可以根据自己的偏好和实际的生产需求从中选择最佳调度方案。

为进一步说明非占优解的差异性，我们择取一例从经济效益的角度进行分析。在图 5.15 中，加注星号的两个解是该参数下模型得到的同处于最优 Pareto 前沿面上的解。相比而言，如果生产管理者选择右下方的解，该调度方案相比左上方的解一次可节约近4 000 MJ 的能源，相当于节约 136.5 kgce（千克标准煤，每千克标准煤按 29.307 6 MJ 计算）。若该保温坑每天的吞吐量为 1 000 块钢坯，全年将节省近 1 000 吨标准煤。以当前洗精煤 1 000 元/吨的价格算，该调度方案的年经济效益将达到近 100 万元。不过也可以看出，该调度方案的劣势在于存在一定的拖期时间，故生产管理者需要根据实际客户订单需求进行权衡，及时调整调度方案。

5.5 本章小结

本章以不确定环境下高耗能批处理机的组批调度问题为背景，研究了兼顾生产调度和能源管理的多目标协同优化模式，我们提出了一个新颖的多目标调度模型优化气体能耗和总加权拖期时间。不确定性给传统的组批调度模型增加了新的挑战，我们采用模糊逻辑的方法描述煤气热值、加工时间和交货期的不确定性特征，引入了模糊环境下的 Pareto 占优机制，并通过 NSGA-Ⅱ求解模型。为了验证模型的有效性，最后通过一个典型的热处理应用案例——保温坑组批调度进行案例分析。本章研究可以得到以下结论：①气体能耗和总加权拖期时间之间存在明显的冲突关系；②钢坯到达时间越集中，热处理所需能耗越小；③同等情况下钢坯的交货期越集中，总体的延期交货的可能越小；④加工时间和交货期的模糊延展度越小，越有助于管理者利用此模型做出更好的决策方案。

第 6 章　多种协同机制的比较验证

第 4 章研究了并行批处理机的组批调度问题，以最大完工时间 C_{max} 为目标，加以能耗约束，通过混合 GA 寻优和筛选得到较优解集。而为了比较多种协同机制下模型和算法的效果，本章将上述问题的能耗和 C_{max} 作调换，具体来说针对同一问题以能耗为目标，C_{max} 为约束研究能耗优化为主的协同优化问题，同样利用混合 GA 求解。以轧辊高温炉为研究对象，比较两种协同机制下解的效果，得到两项指标是冲突关系的结论。同时，为进一步研究不同协同机制的特征和两类目标间的关系，我们又研究了一类混合流水车间环境下以降低能耗为目标和以降低最大完工时间为目标的调度问题。在优化能耗时考虑了工件在并行机内的驻留能耗和后道工序等待能耗，也设计一种混合 GA 求解。以热轧工序的并行加热炉一轧机为研究对象验证算法的效果。在以优化最大完工时间为目标，考虑能耗约束的协同模式下，发现该类问题中两项指标不是冲突关系，进而得到相比前节更加全面的结论。

6.1　以能耗优化为目标的并行批处理机调度优化

6.1.1　问题描述

第 4 章主要是针对并行批处理机的组批调度问题，建立以 C_{max} 为目标，能耗为约束的数学模型，利用混合 GA 进行求解，得到能耗约束下优化 C_{max} 值，从而使得企业生产时在考虑交货期的情况下协同考虑能源消耗(成本)的问题。在节约能源成为企业主要考虑因素的大背景下，能耗优化逐渐成为一个比较重要的问题，本节即以该类并行批处理机的能耗优化为目标，同时为了使加工工件分配均衡以及考虑工件的交货期问题，设置相应的最大完工时间约束，同样利用本书的混合 GA 进行求解。

6.1.2　数学模型

本节内容与第 4 章研究对象相同，故建立针对该对象的数学模型所用到的数学符号与第 4 章一致，这里不再赘述。根据上述内容建立数学模型如下：

$$\min \quad E$$

$$s.t.$$

$$\sum_{b=1}^{B}\sum_{m=1}^{M}x_{jbm}=1,\quad j=1,2,\cdots,N; \tag{6.1}$$

$$\sum_{m=1}^{M}z_{bm}=1,\quad b=1,2,\cdots,B; \tag{6.2}$$

$$\sum_{j=1}^{N}\sum_{m=1}^{M}s_{j}x_{jbm}\leqslant C,\quad j\in b, b=1,2,\cdots,B; \tag{6.3}$$

$$PT_{b}\geqslant pt_{j}\cdot x_{jbm},\quad j\in b, b=1,2,\cdots,B, m=1,2,\cdots,M; \tag{6.4}$$

$$C_{\max}\geqslant PT_{b}+ST_{b},\quad b=1,2,\cdots,B, m=1,2,\cdots,M; \tag{6.5}$$

$$RT_{b}\geqslant rt_{j}x_{jbm},\quad j=1,2\cdots,N, b=1,2,\cdots,B, m=1,2,\cdots,M; \tag{6.6}$$

$$ST_{b'}=\max\{RT_{b'}z_{b'm}, CT_{b}z_{bm}\}, b, b'=1,2,\cdots,B, m=1,2,\cdots,M; \tag{6.7}$$

$$E=\sum_{m=1}^{M}E_{m},\quad E_{m}=\sum_{b=1}^{B}z_{bm}PT_{b}e_{m}; \tag{6.8}$$

$$C_{\max}\leqslant C_{\max}^{constraint}; \tag{6.9}$$

$$x_{jbm}\in\{0,1\},\quad j=1,2\cdots,N, b=1,2,\cdots,B, m=1,2,\cdots,M; \tag{6.10}$$

$$z_{bm}\in\{0,1\},\quad b=1,2,\cdots,B, m=1,2,\cdots,M; \tag{6.11}$$

本节数学模型与第 4 章不同之处在于本节以加工所有工件所需的总能耗为优化目标，而辅助以 $C_{\max}$ 为约束。

6.1.3 实验参数设置

高温炉的容积 C，单位能耗等参数以及算法参数与第 4 章中参数设置均相同，同时为了验证本算法针对求解此问题的通用性，设置更多轧辊规模，在第 4 章的基础上增加 $N=80$，$N=120$ 和 $N=140$ 三个不同规模的轧辊。同样在 Matlab 2013a 上实现，运行于 Windows7 操作系统的计算机(Intel Core i5/CPU2.4GHZ/RAM4.0G)上。

6.1.4 与标准 GA 结果对比分析

根据以上描述，并用标准 GA 进行求解，Matlab 仿真运行 20 次结果如表 6.1 所示(单位 100 kW・h)。

表 6.1　混合 GA 与标准 GA 结果比较

对比方式 \ 轧辊数量		20	50	80	100	120	140
混合 GA 结果(h)	最优值	358	1 460	2 299	2 979	3 482	3 946
	平均值	360.9	1 465.3	2 308.8	2 998.2	3 524.8	4 011.9

（续表）

对比方式 \ 轧辊数量		20	50	80	100	120	140
标准 GA 结果（h）	最优值	358	1 460	2 300	2 982	3 482	3 950
	平均值	364.1	1 472.0	2 309.8	3 032.1	3 560.3	4 089.2
混合 GA 相对 GA 优化量（平均值）		3.2	6.7	1.0	33.9	35.5	77.3

由表 6.1 可以看出，在轧辊数量较少时，本书的混合 GA 和标准 GA 能够优化得到相同的最优解。但是在轧辊数量逐渐增加时，混合 GA 开始显现其优势，能够求解得到比标准 GA 更优的结果。为了保证结果的可靠性，本节在仿真时针对每一个案例分别运行 20 次求平均值，从平均值结果看，本书所提的混合 GA 求解结果均优于标准 GA 求解结果，验证了混合 GA 求解该问题的优势。为了更加直观地表达两种算法的对比效果以及混合 GA 的优越性，我们将上述表以图 6.1 的形式展示，柱状图表示两种算法优化结果的对比，折线图表示混合 GA 相对于标准 GA 的优化百分比。

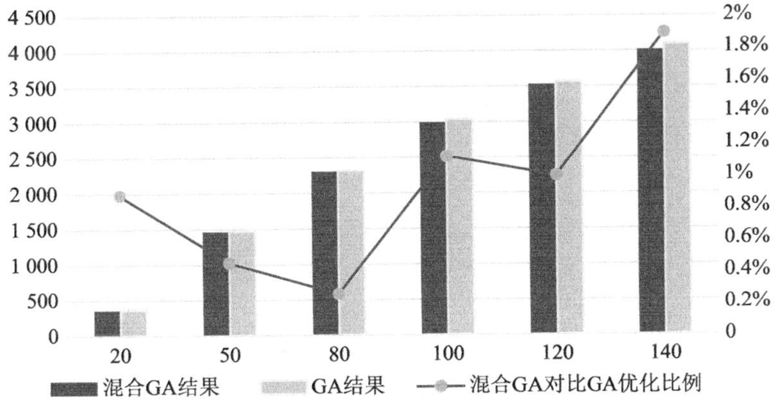

图 6.1　两种算法求解平均值（单位：kWh）以及混合 GA 优化比例

由图 6.1 还可以看出，在轧辊数量较少时，由于可以调度优化的空间较小，混合 GA 相对于标准 GA 优化降低的能耗值幅度较小。随着轧辊数量的增加，可以调度优化的空间也随之增加，混合 GA 相比标准 GA 优化的能耗值也随之增加，其优势逐渐明显。从折线图可以看出，混合 GA 相对标准 GA 的优化量百分比随着负载增加而整体呈现增加趋势。然而，这一百分比与负载大小没有呈现严格的相关关系，而是呈现波浪型增加的趋势，主要是因为标准 GA 在求解时局部搜索能力较差，容易陷入局部最优，故而求得的解的质量时好时坏，导致其与混合 GA 对比时优化比例没有严格的相关关系。

6.1.5　与考虑能耗约束的并行批处理机调度比较分析

在第 4 章中，我们可以得到最优解集的前沿面，从图 5-3—图 5-5 可以看出，本章中针对各个规模轧辊调度优化得到的结果均大体处于该前沿面上，说明本节中以能耗为优化目标的模型所获得的结果与第 4 章中以能耗为约束优化 C_{max} 的结果曲线相吻合，从而表明针对轧辊高温炉调度过程，无论以哪种指标作为优化目标，混合 GA 都有进行有效的求解，从而给实际生产提供指导。

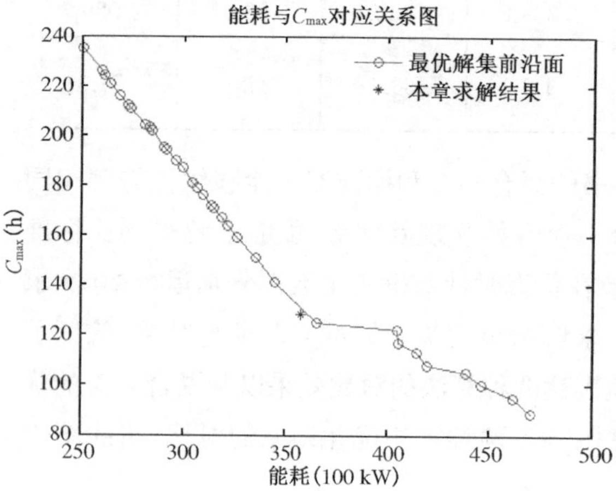

图 6.2　本章结果(20 个轧辊)与最优解集对比图

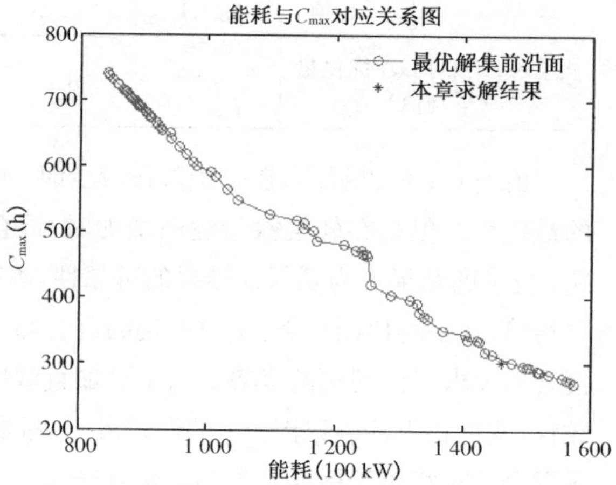

图 6.3　本章结果(50 个轧辊)与最优解集对比图

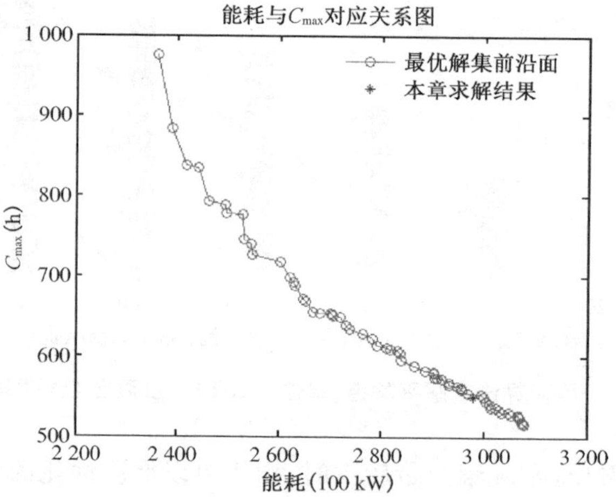

图 6.4　本章结果(100 个轧辊)与最优解集对比图

6.2　以能耗优化为目标的混合流水车间调度优化

6.2.1　问题背景

前几章的研究背景涉及了钢铁企业中的烧结、轧辊热处理和热轧保温坑，它们的一个明显共同点是都属于高能耗的生产环节。而在热轧工序中，另一个典型的高耗能环节便是热轧工序的并行加热炉设备和轧制设备。为了进一步研究不同协同模式下模型和优化方案的特点，本节和 6.3 节以该对象为背景研究这一类混合流水车间调度问题的多种协同模式。并行加热炉-热轧调度是热轧工序调度中的一个重要问题，也是混合流水车间调度的一个典型应用。其调度是在板坯的连铸出坯计划和轧制计划已经确定的情况下，将板坯合理分配到各个加热炉加热，在满足轧制顺序要求的首要前提下，尽量使总能耗最小、板坯加热质量最优，以及轧机利用率最高。其中，热轧工序加热炉的调度可以归结为一类并行机指派问题，即如何确定每块板坯所分配的加热炉、确定板坯的入炉和出炉时间，该问题属于组合优化中的 NP-complete 难题[237]。现实中这类混合流水车间调度需要满足的工艺约束如下：

(1) 加热炉向热轧机提供板坯的顺序必须跟轧制计划中的顺序一致。

(2) 板坯的加热时间根据入炉温度、钢种和规格的不同而不同，由加热工艺要求所决定。板坯加热时间达到额定加热时间时，理论上便可以出炉。

(3) 板坯的指派不受限制，一台加热炉可同时加热多块板坯，板坯在炉内按照先进先出的原则进行加热。

(4) 达到轧制温度的板坯在轧制之前需要在加热炉内驻炉保温，不允许在炉外停留。

(5) 轧制计划中最大完工时间必须满足工艺要求的额定值。

轧制单元一般是多台加热炉对应一台热轧机，从连铸到热轧的生产流程如图 6.5 所示。其中，直接热轧对设备和生产组织水平的要求过高，目前企业中的应用较少。从虚线框的三种板坯来源看，不同来源的板坯进入加热炉加热时初始温度差异较大，由于轧制时间根据前一板坯的轧制进度已有明确要求，而板坯在出炉进入轧机时都要达到额定轧制温度(约 1 250℃)，故每个板坯的加热时间不完全相同，出炉太早会导致板坯温度过低达不到轧制要求，出炉太晚则会使板坯过烧且影响轧机工作的连续性。

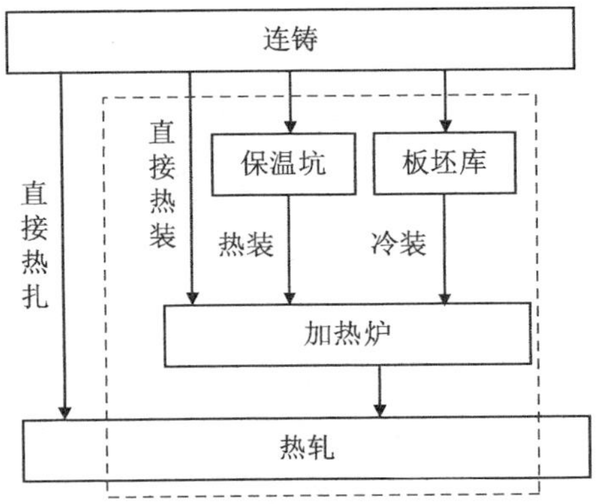

图 6.5　并行加热炉-热轧工序生产流程

针对上述生产流程的混合流水车间调度问题可描述为：根据板坯轧制顺序(即板坯的出炉顺序)将不同来源的板坯分配到各个加热炉中，而不用考虑其加热次序(已由轧制顺序确定)；在保证板坯出炉温度的前提下，使板坯加热质量最优、板坯出炉节奏和轧机轧制节奏吻合、同时降低能源消耗以及减少板坯过烧等。

目前实际中常用的调度方法是按照板坯的轧制顺序按加热炉炉号 #1，#2，…依次向各个加热炉分配板坯。这种启发式调度方法较为简单，容易操作，基本满足连续轧制的生产性能要求，但该方法对于生产调度和能耗中的其他指标和工艺约束均未考虑。近年来，钢铁企业中连铸、热轧以及后续环节的研究中取得了许多研究成果[238-239]，针对加热炉的研究也逐渐受到学者重视,但是目前的研究重点在于加热炉的优化控制[240-242],生产调度与能耗协同优化方面的研究相对较少。杨业建等人[213]针对加热炉区生产特点建立了以生产能耗最小化为目标的加热炉调度模型,但是忽略热轧工序的调度优化。谭园园等人[243]以板坯的驻炉能耗为优化目标,提出了分散搜索算法进行求解,但其忽略不同厚度、钢种的板坯在保温阶段对功率需求的不同。赵珺[237]将步进式加热炉调度与轧制过程协同考虑,将加热炉调度问题归结为具有多来源多机并行的拖期调度问题,优化板坯轧制的准时性,但未考虑能耗问题,并且忽略了步进加热炉的炉容约束。从已有的研究可以看出,目前存在的问题如下:①没有考虑板坯在加热完成等待出炉这一阶段对于保温功耗需求的不同,导致能耗描述不精确;②鲜有将加热炉和轧机进行协同优化;③主要以生产指标优化为主,以能耗优化为目标的研究较少。

根据对钢铁企业热轧工序的描述,为了解决该类混合流水车间生产调度过程中存在的上述问题,本节将建立以优化驻炉能耗和轧机等待能耗为主的协同优化混合整数规划模型,并设计一种带邻域搜索的混合 GA 求解。在优化并行机能耗的过程中,根据工件的型号和尺寸的差异设定不同的保温功耗,不仅可以减少能源消耗,还能最大程度上避免板坯的过热过烧现象。

6.2.2 混合流水车间能耗优化方法

6.2.2.1 数学模型

不失一般性,这类混合流水车间指派调度问题可以概述为:有上下两道工序,上道工序有 M 台并行设备,下道工序仅有一台机器。设有 N 个工件都要在这两道工序中加工,其在下道工序的加工顺序已确定,求解工件在上道工序中所分配的并行机号、进入并行机时间和离开并行机时间,选取工件在并行机内驻留能耗(超过额定加工时间后停留机内的能耗)与下一工序等待能耗之和最小为目标。上道工序的每台并行机都是有一定容量的步进式批处理设备,先进入的工件必须先出;下道工序则是一台每次仅能加工一个工件的单机设备。要求工件开始进入下道工序加工前不得离开上道工序。

根据以上描述,可以建立该混合流水车间调度问题的数学模型,首先定义参数如下:i 为并行机序号,I 为并行机集合,M 为并行机数量,$i \in I=\{1, 2, \cdots, M\}$;$j$ 为工件序号,J 为工件集合,$j \in J=\{1, 2, \cdots, N\}$,$N$,$N$ 为一个加工批次中的工件数。假设所有工件到达时间相同,不失一般性,对各工件在下道工序上加工的先后顺序编号。s_j,c_j 分别为工件 j 的进入和离开并行机设备的时间;H_i 为第 i 台并行机设备可同时加工工件的数量;h_j 为工件 j 在下道工序的加工时间;$t_{\min}^j$ 为工件 j 在上道工序的额定加工时间;$P_{i,\, furnace}$ 为第 i 台并行机驻留阶段的功耗;P_{roller} 为下道工序待机时的功耗;M_i 为在第 i 台并行机上加工的工件序号集合,$M_i(l)$ 表示并行机 i 中第 l 个工件的序号;决策变量

$$x_{ij}=\begin{cases}1, & \text{若指派工件 } j \text{ 到并行机 } i,\ i \in I,\ j \in J \\ 0, & \text{否则}\end{cases}$$

基于以上假设，我们建立了混合流水车间的混合整数规划模型：

$$\min Z = \eta_1 \sum_{i=1}^{M} \sum_{j=1}^{N} (c_j - s_j - t_{\min}^j) P_{i,\,furnace} x_{ij} + \eta_2 \sum_{j=2}^{N} (c_j - c_{j-1} - h_{j-1}) P_{roller} x_{ij} \tag{6.12}$$

s.t.

$$c_j - s_j \geqslant t_{\min}^j,\ \forall j \in J; \tag{6.13}$$

$$s_{M_i(m)} \geqslant s_{M_i(n)},\ m > n \& m,\ n \in M_i,\ i \in I; \tag{6.14}$$

$$c_m > c_n,\ m > n \& \forall m,\ n \in J; \tag{6.15}$$

$$\sum_{i \in I} x_{ij} = 1,\ j \in J; \tag{6.16}$$

$$c_{j+1} - c_j - h_j = 0,\ \forall j,\ j+1 \in J; \tag{6.17}$$

$$c_{M_i(l)} \leqslant s_{M_i(l+H_i-1)},\ \forall i \in I,\ 1 \leqslant l \leqslant |M_i|,\ 1 \leqslant l + H_i - 1 \leqslant |M_i|; \tag{6.18}$$

$$x_{ij} = \{0,\ 1\},\ \forall i \in I,\ j \in J; \tag{6.19}$$

目标函数(6.12)表示最小化加工批次内所有工件在并行机内的驻留能耗和下一工序的等待能耗，其中 η_1，η_2 分别为二者的权重系数；约束式(6.13)保证每个工件的加工时间不小于额定加工时间；约束式(6.14)保证同一并行机内加工的工件按照下道工序的加工顺序依次排序；约束式(6.15)保证工件离开并行机的顺序与下道工序要求的顺序相同；约束式(6.16)保证每个工件都被分配而且只能分配到一台并行机设备上进行加工；约束式(6.17)保证在下道工序结束上一工件加工之前下一工件一直在并行机内驻留等待；约束式(6.18)保证并行机内加工工件数量不能超过其最大容量；约束式(6.19)定义决策变量的取值范围。

6.2.2.2　混合 GA 设计

结合本节数学模型以及编码解码的方式，我们提出了如图 6.6 所示的混合 GA 算法流程。较之标准 GA，我们所提算法的不同之处在于：①增加了违规调整及种群更新子流程；②为加快收敛速度，引入了局部搜索算法。这两大改进的部分在图中用灰色标出。

由图 6.6 可以看出，每一次迭代都需要进行交叉、变异和局部搜索，种群交叉又包括种群中个体分别与个体最优解和种群最优解进行交叉；以上每个过程之后都要再经过违规调整及种群更新流程才能进入下一过程。退出条件仍为两种，一种是迭代次数上限，另一种是最优解没有变化的代数。

(1) 个体编码

针对并行机的调度特点，这里采用实数编码方式，用向量表示工件在各并行机之间的分配，在该向量中包含 0 和正整数。其中，0 代表并行机，正整数代表工件号，每个 0 后到下个 0 之间的正整数(或者最后一个 0 后面的正整数)代表该并行机所分配到的工件。例如，假设有 15 个待加工工件和 3 台并行机，一种可能的分配方式可以按图 6.7 编码：

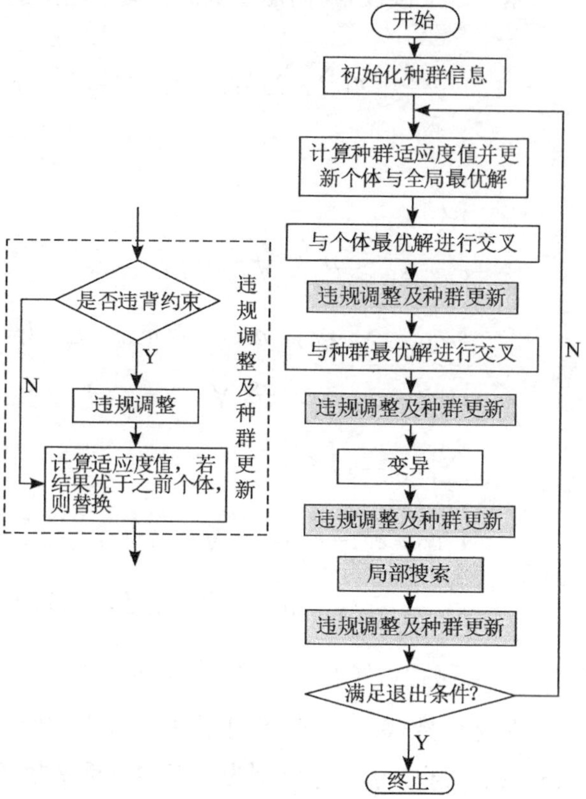

图 6.6　混合 GA 流程图

[0 1 4 7 9 13 0 2 5 8 12 15 0 3 6 11 14]

图 6.7　编码示意图

以上编码的解释为：工件 1、4、7、9、13 被分配到一号并行机，工件 2、5、8、12 被分配到二号并行机，工件 3、6、11、14 被分配到三号并行机。由于轧制计划中已对所有工件进行编排，故每台并行机中的工件都应按从小到大的顺序排列，以保证“先轧制先出炉，先出炉先入炉”的实际生产约束要求。

(2) 交叉操作

为了保留父代中存在的一些优秀基因，我们采用文献[22]提出的一种“局部基因保留”策略进行交叉操作。从前面提到的编码策略来看，局部基因代表某一并行机中的工件。应用这一交叉策略，首先生成随机数 $r_1 \in (0,1)$，根据 r_1 产生父代 A 的交叉点 $cpoint = ceil(r_1 * (M+N))$，其中 $ceil(x)$ 取靠近 x 的整数中较大的一个，$M+N$ 为工件个数和并行机个数的和。如图6.8所示，交叉过程中将父代 A 所有并行机的分配结构(粗虚线)和 $cpoint$ 这个并行机内的所有工件(细虚线)直接遗传给子代，而用父代 B 中的其余工件(子代中已有工件之外的所有工件，用细实线表示)填充子代空缺的位置。需要说明的是，一般交叉操作是交换两段基因从而得到两个新个体，这里为了计算方便和保证交叉的随机性而采用这种仅产生一个子代个体的交叉过程。其具体操作步骤可如图 6.8 所示：

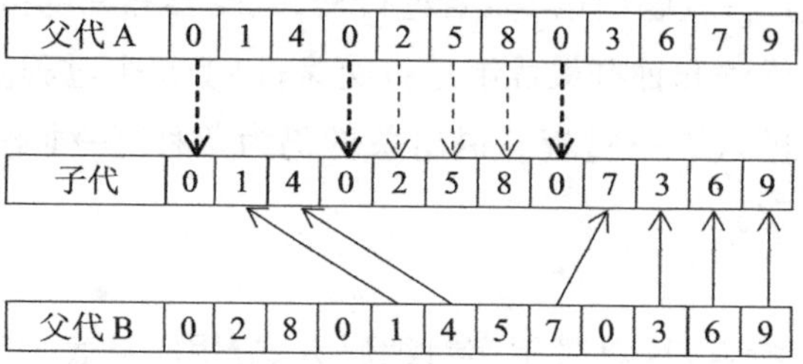

图 6.8　交叉算子示意图

其中，将父代 A 并行机的分配结构直接遗传给子代，即 1 号并行机加热两个工件，2 号并行机加热 3 个工件，3 号并行机加热 4 个工件。在上图中可表示为将父代 A 数组中的 0 直接复制到代表子代的数组中，并且 0 在子代数组中的位置不改变。将某个并行机内所有工件直接遗传给子代在上图可表示为将 2 号并行机内的所有工件序号(第 2 个 0 到第 3 个 0 之间所有的正整数)直接复制给子代数组。

(3) 变异操作

类似于 4.2.2.3 节，采用双位点变异策略，即将不同并行机中工件进行交换。对种群中的个体 $Individual_i$，分别产生两个随机数 $r_1 \in (0,1)$ 和 $r_2 \in (0,1)$，然后根据这两个随机数再产生两个随机数代表取到的不同并行机中的工件，分别如式(6.20)和式(6.21)所示。

$$rpoint_1 = ceil(r_1 * (M + N)) \tag{6.20}$$

$$rpoint_2 = ceil(r_2 * (M + N)) \tag{6.21}$$

将所产生的两个位置的工件互换，互换之后可能会违背工件“先轧制先出炉，先出炉先入炉”的实际生产约束，因而在变异后需要进行违规调整得到新个体 $Individual'_i$。同时，变异操作还要考虑两个实际约束：(1)取出的工件不能在同一个并行机；(2)两个位置的值不能同时为 0，即不能同时为并行机。为满足上述约束，在产生第二个随机数后要判断是否违背上述约束，若是则重新产生 r_2 和 $rpoint_2$，直到所产生的随机数不违背上述约束为止。变异操作流程如图 6.9 所示。

此外，为了使并行机加工工件数量均衡，防止某个并行机加工工件过多或过少而致整个过程最大完工时间过大，变异时还要判断某个并行机中的工件个数是否小于某个额定值(若是则认为该机器分配的工件过少，需要重新变异)，该额定值需要根据待加工工件总数和并行机台数确定。根据多次试验结果，我们设为：工件数/并行机数/3，即 $N/M/3$。

(4) 邻域搜索

针对本算法编码特点，在个体 $Individual_i$ 内随机选取一个工件，先产生随机数 $r_1 \in (0, 1)$，然后根据该随机数再产生另外一个随机数代表取到某个并行机中的工件，如式(6.22)所示：

$$lpoint = ceil(r_1 * (M + N)) \tag{6.22}$$

如果产生的 $lpoint$ 刚好为代表并行机的 0 所在的位置，则重新产生该随机数。获得符合要求的随机数后将其所代表的工件分配给其他并行机，我们将所有可能的分配方式称为邻域。求邻域内所有个体的目标函数值，若邻域内最优个体优于当前个体，则用局部最优解替代原来的个体。

(5) 适应度函数

该混合流水车间调度问题的目标函数是最小化并行机中工件的驻留能耗和后道工序的等待能耗，即

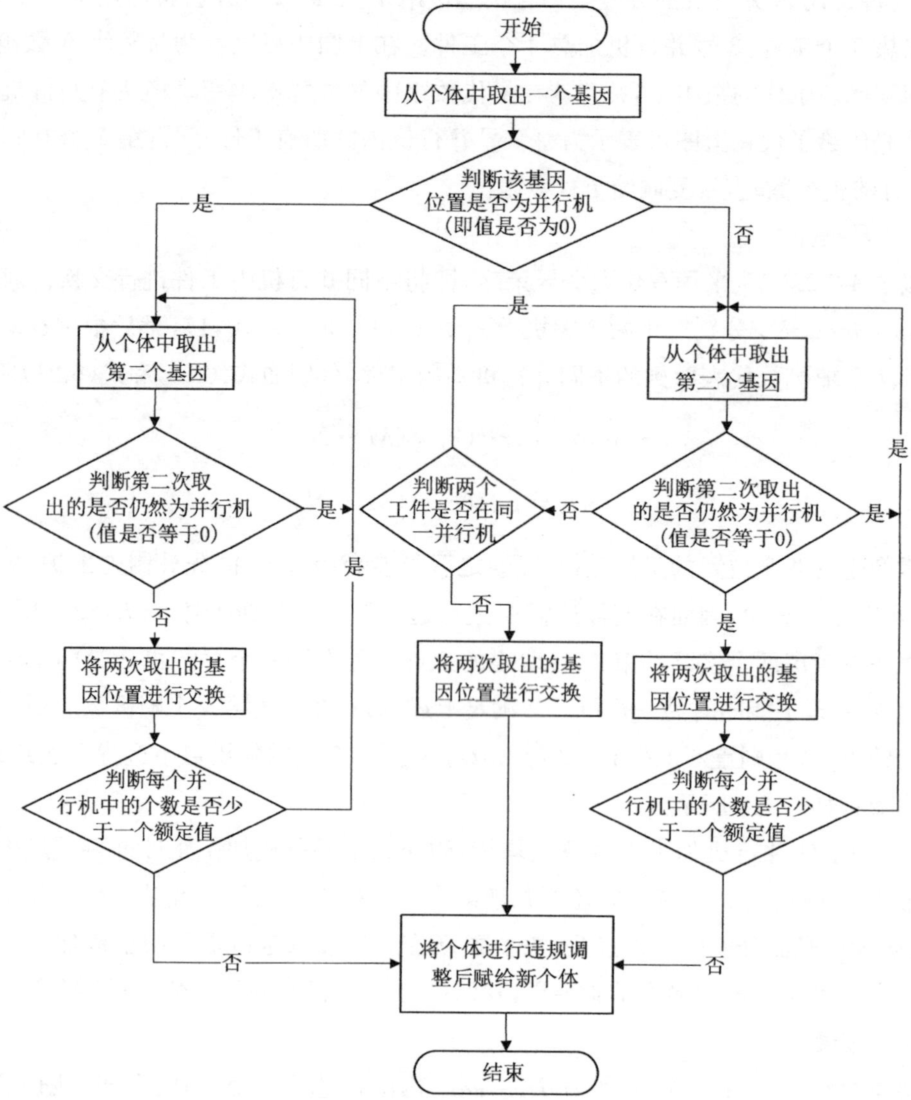

图 6.9　变异算子操作示意图

$$\min Z=\eta_1\sum_{i=1}^{M}\sum_{j=1}^{N}(c_j-s_j-t_{\min}^j)\omega_{ik_j}x_{ij}+\eta_2\sum_{j=2}^{N}(c_j-h_j-c_{j-1}) \tag{6.23}$$

因此适应度值为

$$fv=1/\left[\eta_1\sum_{i=1}^{M}\sum_{j=1}^{N}(c_j-s_j-t_{\min}^j)\omega_{ik_j}x_{ij}+\eta_2\sum_{j=2}^{N}(c_j-h_j-c_{j-1})\right] \tag{6.24}$$

目标函数的计算主要是根据工件在并行机内的分配方案，结合工件在后道工序的加工顺序，依据约束(6.13)至(6.19)确定每个工件进出并行机的时间，然后通过式(6.23)来计算目标函数值，现假设并行机 i 中正在加工的工件数量为 q_i，计算步骤如下：

步骤 1： 当 $j=1$ 时，$s_1=0$，$c_1=t_{\min}^1$；否则转至步骤 2；

步骤 2： 当 $j>1$ 时，若 $q_i=0$，$s_j=s_{j-1}$，$c_j=\max\{s_j+t_{\min}^j,\ c_{j-1}+h_{j-1}\}$；否则转至步骤 3；

步骤 3： 当 $j>1$ 时，若 $0<q_i<H_i$，$s_j=s_y$，$c_j=\max\{s_j+t_{\min}^j,\ c_{j-1}+h_{j-1}\}$，其中 y 是并行机 i 内工件 j 前一个装载工件；否则转至步骤 4；

步骤 4： 当 $j>1$ 时，若 $q_i\geqslant H_i$，则 $s_j=c_z$，$c_j=\max\{s_j+t_{\min}^j,\ c_{j-1}+h_{j-1}\}$，其中 z 是并行机 i 内工件 j 前 H_i 个工件。

---

(6) 违规调整

初始生成、变异和邻域搜索后的个体，可能会违背“先轧制先出炉，先出炉先入炉”的实际生产约束条件，所以需要进行违规调整。根据个体编码和解码方式，编码数组中的每个 0 到下一个 0 之间(或者最后一个 0 之后)的所有正整数需要从小到大的顺序排列，具体如图 6.10 所示。

[0 7 13 1 9 4 0 8 2 12 5 15 0 11 3 6 14]

[0 1 4 7 9 13 0 2 5 8 12 15 0 3 6 11 14]

图 6.10　违规调整算法示意图

(7) 停止准则

与 4.2.2.3 节停止准则一致，这里不再赘述。

6.2.3　案例分析

6.2.3.1　实验参数设置

为验证所提模型及算法的有效性，本节根据国内某钢铁厂的实际板坯生产数据为基础生成实验数据进行测试，并将结果与启发式算法和标准 GA 进行对比。实际中采用的启发式算法称为最早匹配并行机(First fit parallel machine, FFPM)规则，它将板坯优先安排在最早有空闲工位的加热炉中。

FFPM 规则如下：

步骤 1： 将工件按照轧制先后顺序进行编号得到工件序列 L；将并行机按照位置顺序进行编号得到序列 Q。

步骤 2： 将 L 中的工件依次放入第一个有空闲工位的并行机；若多个机器同时有空闲位置，则选择最靠近出口位置的工位放置；若多个空闲工位与出口距离相同，则选择 Q 中编号最小的那台机器放置。

步骤 3： 重复步骤 2 中的操作，直到所有工件都被分配。

混合 GA 主要参数设置如下：最大迭代次数 $Iter=200$，初始种群数目 $NIND=200$。加热炉个数 $N=5$，加热炉容量均为 5，即 $H_i=5(i=1,\ 2,\ \cdots,\ N)$。共选取 5 组数据，板坯数量分别为 60、80、100、120 和 140。每组数据中板坯轧制顺序已经确定，热轧机的生产能力为每 2 min 轧制一块板坯。借鉴参考文献[90]，加热炉和热轧机的功耗分别为

2 186.35 MJ/min和 978.87 MJ/min。每块板坯的额定加热时间已知，且热坯在 90～110 min 之间，冷板坯在 110～130 min 之间。以 80 个板坯为例，每板坯的加热时间如表 6.2 所示。对于每组数据，用本书所提出的算法分别运行 20 次，记录最好结果、最差结果和平均值。

表 6.2　80 个板坯的加热时间

板坯序号	板坯加热时间(min)											
1～12	102	88	100	83	118	95	111	95	93	100	92	99
13～24	93	106	107	93	90	106	112	110	103	85	114	113
25～36	107	118	102	89	97	112	103	88	92	95	116	93
37～48	102	95	106	110	113	98	102	120	96	89	114	88
49～60	120	130	125	117	132	118	148	125	127	127	115	137
61～72	124	111	120	113	128	119	119	104	117	133	125	124
73～80	99	123	116	119	122	123	111	119				

算法用在 Matlab 2013a 上实现，运行于 Windows7 操作系统的 PC 机(Intel Core i5/CPU 2.4GHz/ RAM 4.0G)。经测试，5 组数据的最长运行时间都不超过 12 分钟，满足实际生产调度的要求。

6.2.3.2　结果分析

针对 5 种不同规模的板坯数，分别利用混合 GA、标准 GA 以及启发式算法求解，表 6.3 记录了板坯驻炉能耗与轧机等待能耗的加权和(能耗单位为 MJ)，亦如图 6.11 所示(两种 GA 算法均取平均值)。

表 6.3　优化结果与其他调度结果对比

板坯数量	启发式算法($\times 10^4$ MJ)	标准 GA(运行 20 次)		混合 GA(运行 20 次)		
		最优($\times 10^4$ MJ)	平均($\times 10^4$ MJ)	最优($\times 10^4$ MJ)	平均($\times 10^4$ MJ)	最差($\times 10^4$ MJ)
60	61.823 5	50.501 4	51.351 6	47.160 9	48.602 0	47.426 4
80	77.645 8	67.689 7	68.412 7	62.649 7	66.037 3	67.813 7
100	85.474 4	74.733 5	75.786 8	69.362 9	72.006 7	74.175 8
120	106.068 6	94.356 7	95.162 1	88.862 1	89.688 3	90.494 0
140	120.300 7	106.651 8	108.283 7	100.849 5	102.947 6	105.464 6

可以看出，以能耗优化为主的该类混合流水车间调度优化问题，我们提出了带邻域搜索的混合 GA 比标准 GA 和目前实际生产中采用的启发式算法优势明显。以 100 个板坯为例，混合 GA 的求解结果最优值比启发式算法节省 16.11×10^4 MJ，比普通 GA 也能节省 5.37×10^4 MJ。再以 20 次运行的平均结果为例，混合 GA 比启发式算法节省 13.47×10^4 MJ，比标准 GA 也节省 2.73×10^4 MJ。并且可以看出，即使是混合 GA 的最差结果也要比启发

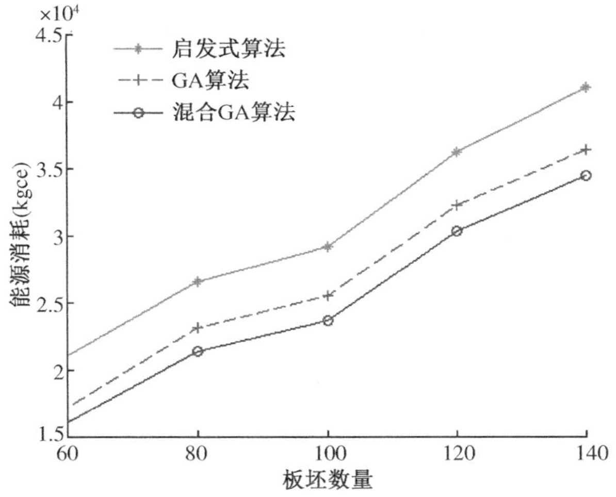

图 6.11　三种算法优化结果对比

式算法获得的节能效果好，充分说明了本书所提算法在解决这类混合流水车间调度问题时的有效性。

为了说明算法间优化量及优化比例，表 6.4 列出了不同负载下混合 GA 解的平均值相对标准 GA 解的平均值及启发式算法的优化量及优化比例。从表中可以看出，相比启发式算法，虽然混合 GA 的优化量随着负载的增加而增长，但优化比例却逐渐减少，说明混合 GA 在小规模情况下优势更为明显；当板坯数目增大时，问题求解难度剧增，混合 GA 的寻优能力略有减弱。而相比标准 GA 来说，混合 GA 的优化比例随问题规模的变化趋势不清晰，主要原因是标准 GA 在求解时局部搜索能力较差，且参数设置对解的质量影响较大，导致解的质量参差不齐。

表 6.4　不同负载规模下优化量及优化比例

比较类型 \ 板坯数量		68	80	100	120	141
对比 GA	优化量（$\times10^4$ MJ）	2.582 0	2.375 4	3.780 1	5.473 8	5.329 3
	优化比例（%）	5.1	3.6	5.3	6.1	5.1
对比启发式	优化量（$\times10^4$ MJ）	10.720 7	11.608 4	13.467 7	16.380 3	16.690 1
	优化比例（%）	21.0	17.6	18.7	18.3	16.1

为更直观和深入地展示算法的效果，我们用柱状图表示优化比例。图 6.12 表示混合 GA 和标准 GA 的最优解相对于启发式算法结果的优化比例，图 6.13 表示混合 GA 和标准 GA 的平均解相对于启发式算法结果的优化比例，图 6.14 表示混合 GA 最优解和平均解相对于 GA 最优解和平均解的优化比例。三张图中横坐标都代表轧辊数量，纵坐标代表优化比例（%）。

由图 6.12 和图 6.13 可以看出，相对于启发式算法，无论是从最优解和平均解来说两种算法都有较好的优化效果，并且从图中看出混合 GA 的优化效果更加明显。而图 6.14 表明混合 GA 相比标准 GA 的优化效果更好，并且在最优值方面相比平均值优化比例更高，表明混合 GA 在寻求全局最优值方面具有更好的效果。

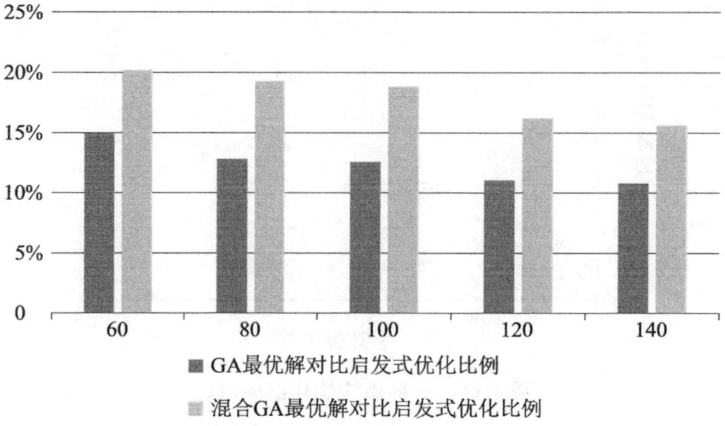

图 6.12　混合 GA 和 GA 最优解相对于启发式算法结果优化比例

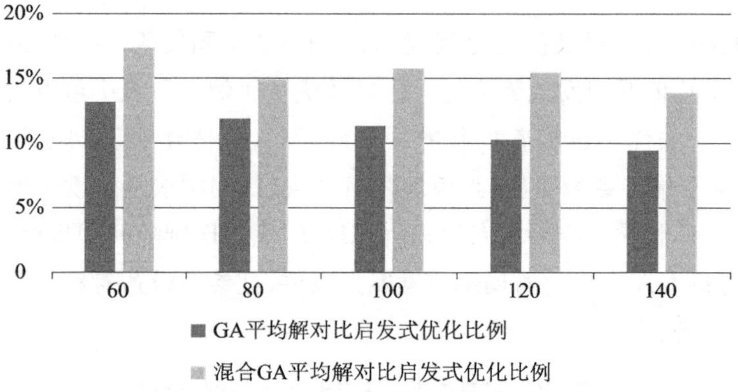

图 6.13　混合 GA 和 GA 平均解相对于启发式算法结果优化比例

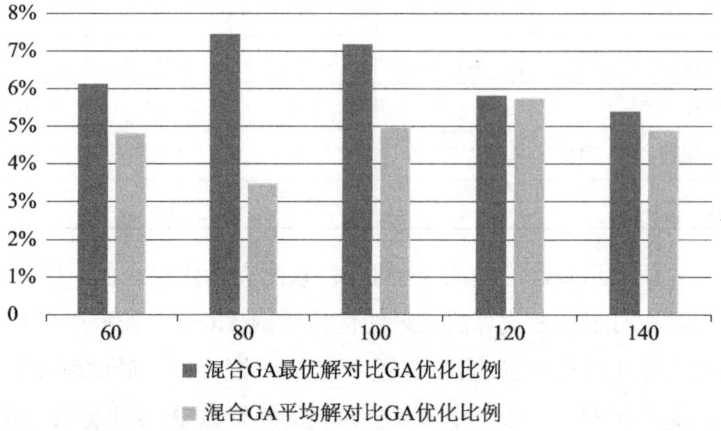

图 6.14　混合 GA 最优解和平均解相对于 GA 优化比例

6.3　考虑能耗约束的混合流水车间调度优化

从 6.2 节背景分析可以知道，需要轧制的板坯已经确定轧制顺序，并且其在加热炉中的加热时间在入炉时已经确定，即板坯加热到额定出炉温度需要消耗的能量是确定的。而由于多台加热炉对应一台热轧机，如果某个板坯在加热到额定温度后，排在其之前的板坯还没有轧制，则需要将该板坯停留在加热炉内。因此，能耗优化问题可以等价为：通过合理安排板坯所在的加热炉从而降低已加热到额定温度的板坯在加热炉内的等待时间，从而降低整个热处理过程的能耗。由此可以看出，板坯的驻炉等待时间和混合流水车间总能耗呈正相关关系。我们绘制了不同能耗约束下对应的 C_{max} 趋势图，如图 6.15 所示。

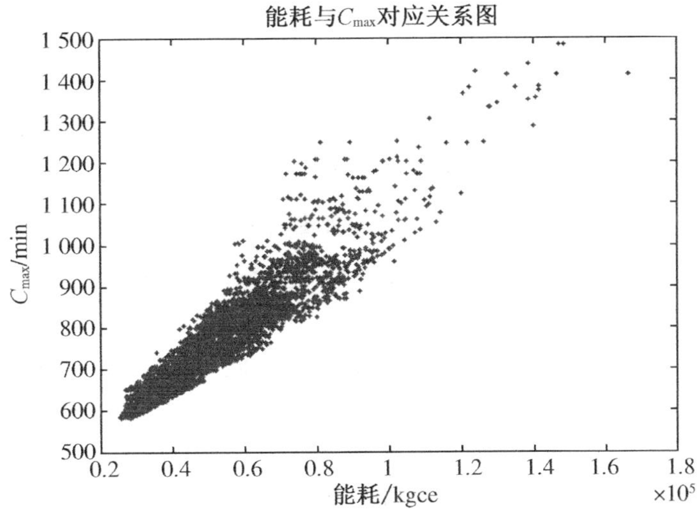

图 6.15　轧钢加热炉 C_{max} 和能耗正相关关系图

为了用数据更加直观地表达上述正相关关系，从得到的解集中挑选出一些有代表性的解，见表 6.5。直观起见，这里的能耗单位采用 kgce。可以看出，表中 12 个解的能耗随着 C_{max} 的增大而增大，即二者呈现正相关关系，换句话说，优化最大完工时间等价于优化总能耗，而优化总能耗也能使最大完工时间降低。与此相反，第 4 章和 6.1 节的案例研究表明，在考察工件到达时间不同的并行批处理机调度时，优化最大完工时间会使总能耗增加，而优化总能耗则导致最大完工时间退化，因而可以得到能耗和 C_{max} 之间的近似 Pareto 解集。综上所述，不同的问题背景导致能耗与生产指标之间的关系截然不同。对于一致关系，优化其中一个指标就可以使两者同时得到优化；对于冲突关系，有必要通过考察多目标 Pareto 解研究两类指标的协同优化。

表 6.5　正相关关系解集

当前解 解的属性	1	2	3	4	5	6
最大完工时间(min)	594	638	685	721	774	812
能耗值($\times10^4$ kgce)	2.950	3.606	3.777	3.803	4.337	5.088
当前解 解的属性	7	8	9	10	11	12
最大完工时间(min)	879	921	974	1 024	1 144	1 185
能耗值($\times10^4$ kgce)	5.168	5.756	6.133	7.199	8.149	8.218

6.4　本章小结

本章研究了同类问题在多种协同机制下的比较验证。首先针对第 4 章的研究对象——工件到达时间不同的并行批处理机调度过程建立了以能耗优化为目标数学模型,同样利用第 4 章设计的混合 GA 进行求解,可以得到以下结论:①与标准 GA 结果对比,验证了混合 GA 的有效性;②相比标准 GA,混合 GA 算法随着问题规模的增大优势越来越明显;③通过将求解结果与第 4 章结果作对比,表明两种结果可以相互匹配,从而说明无论以哪种指标作为优化目标,优化结果都相互吻合,且两类目标存在冲突关系。

之后,又研究了工件到达时间相同的混合流水车间调度问题,分别以能耗为目标和约束考察解的性能,可以得到以下结论:①针对此问题设计的带邻域搜索的混合 GA 算法在问题规模较小时优势明显,随着工件个数增加,求解优势略有减弱;②此问题下能耗与 C_{max} 间不存在冲突关系,因而无法得到两个指标的近似 Pareto 前沿面;③由此说明不同类型问题中能耗和生产指标之间的关系也各不同相同,需要具体考察。

参考文献

[1] 熊有伦，赵东波，何汉武.制造自动化系统优化调度、体系结构和关键技术基础[J].世界科技研究与发展，1997(5):30-40.

[2] Karnouskos S, Colombo A W, Martinez Lastra J L, et al. Towards the energy efficient future factory[C]. Proceedings of 2009 7th IEEE International Conference on Industrial Informatics. Cardiff, United Kingdom: IEEE, 2009: 367-371.

[3] 刘飞.制造自动化的广义内涵、研究现状和发展趋势[J].机械工程学报，1999,35(1):1-5.

[4] Giret A, Trentesaux D, Prabhu V. Sustainability in manufacturing operations scheduling: A state of the art review[J]. Journal of Manufacturing Systems, 2015, 37: 126-140.

[5] Soplop J, Wright J, Kammer K, et al. Manufacturing execution systems for sustainability: Extending the scope of MES to achieve energy efficiency and sustainability goals[C]. Proceedings of the 2009 4th IEEE Conference on Industrial Electronics and Applications. Xi'an, China: IEEE, 2009: 3555-3559.

[6] Bunse K, Vodicka M, Schönsleben P, et al. Integrating energy efficiency performance in production management — gap analysis between industrial needs and scientific literature[J]. Journal of Cleaner Production, 2011, 19(6): 667-679.

[7] U.S. Energy Information Administration. In: International Energy Outlook 2016, May 2016. https://www.eia.gov/outlooks/ieo/pdf/0484(2016).pdf.

[8] BPp. l. c.. In: BP Statistical Review of World Energy 2021, June 2021: https://www. bp. com/content/dam/bp/business-sites/en/global/corporate/pdfs/energy-economics/statistical-review/bp-stats-review-2021-full-report.pdf.

[9] Mukherjee K. Energy use efficiency in U. S. manufacturing: A nonparametric analysis. Energy Economics, 2008, 30(1): 76-96.

[10] Rusinko C. Green Manufacturing: An Evaluation of Environmentally Sustainable Manufacturing Practices and Their Impact on Competitive Outcomes[J]. IEEE Transactions on Engineering Management, 2007, 54(3): 445-454.

[11] IMS2020. In: http://www.ims2020.net/.

[12] 中国能源研究会.中国能源发展报告2016[M].北京:中国电力出版社，2017.

[13] 中华人民共和国国务院.国家中长期科学和技术发展规划纲要(2006—2020 年)[EB/OL]2006.http://www.gov.cn/jrzg/2006-02/09/content_183787.htm.

[14] 中华人民共和国国务院.中国制造 2025[EB/OL].2015.http://www.dahe.com/standard/standard%20folder/made%20in%20China%202025.pdf.

[15] 中华人民共和国国民经济和社会发展第十四个五年规划和 2035 年远景目标纲要[EB/OL].https://www.ndrc.gov.cn/xxgk/zcfb/ghwb/202103/P020210323538797779059.pdf.

[16] World Steel Association. Steel Statistical Yearbook 2021[EB/OL]. 2021.https://worldsteel.org/steel-by-topic/statistics/annual-production-steel-data/P1_crude_steel_total_pub/CHN/IND.

[17] World Steel Association. World Steel in Figures 2022[EB/OL]. 2022.https://worldsteel.org/wp-content/uploads/World-Steel-in-Figures-2022-1.pdf? x65430.

[18] Gutowski T, Murphy C, Allen D, et al. Environmentally benign manufacturing: Observations from Japan, Europe and the United States[J]. Journal of Cleaner Production, 2005, 13(1): 1-17.

[19] Drake R, Yildirim M B, Twomey J M, et al. Data collection framework on energy consumption in manufacturing [C]. Proceedings of Institute of Industrial Engineering Research Conference. Orlando, FL, USA: Shocker Open Access Repository, 2006: 1-6.

[20] Zanoni S, Bettoni L, Glock C H. Energy implications in a two-stage production system with controllable production rates[J]. International Journal of Production Economics, 2014, 149: 164-171.

[21] Guerrero C A, Wang J, Li J, et al. Production system design to achieve energy savings in an automotive paint shop [J]. International Journal of Production Research, 2011, 49(22): 6769-6785.

[22] Wiechmann E P, Morales A S, Aqueveque P, et al. Reducing Specific Energy to Shrink the Carbon Footprint in a Copper Electrowinning Facility [J]. IEEE Transactions on Industry Applications, 2011, 47(3): 1175-1179.

[23] Wiechmann E P, Morales A S, and Aqueveque P. Improving Productivity and Energy Efficiency in Copper Electrowinning Plants [J]. IEEE transactions on industry applications, 2010, 46(4): 1264-1270.

[24] Devoldere T, Dewulf W, Deprez W, et al. Improvement Potential for Energy Consumption in Discrete Part Production Machines[C]. Takata, S., Umeda, Y.(eds) Advances in Life Cycle Engineering for Sustainable Manufacturing Businesses. Tokyo, Japan: Springer, 2007: 311-316.

[25] Dietmair A, Verl A. Energy consumption modeling and optimization for production machines[C]. Proceedings of 2008 IEEE International Conference on Sustainable Energy Technologies. Singapore: IEEE, 2008: 574-579.

[26] 乔非,李莉,吴莹,等.基于智能优化算法的复杂生产系统调度[C].2009 中国自动化大会暨两化融合高峰会议论文集.杭州,2009.

[27] 陆钟武,蔡九菊.系统节能基础[M].北京:科学出版社,2010.

[28] Reisman A, Kumar A, Motwani J. Flowshop scheduling/sequencing research: a statistical review of the literature, 1952—1994 [C]. IEEE Transactions on Engineering Management, 1997, 44(3): 316-329.

[29] Glenn N, Braun D. Making the manufacturing information systems integration process work[C]. Technical Papers of ISA: Integrated Manufacturing Solutions Real-Time Manufacturing Strategies. Cleveland, OH, USA: Instrument Society of America, Research Triangle Park, 2002: 31-41.

[30] Martínez-Lorente A R, Sánchez-Rodríguez C, Dewhurst F W. The effect of information technologies on TQM: An initial analysis[J]. International Journal of Production Economics, 2004, 89(1): 77-93.

[31] Cannata A, Taisch M. Introducing Energy Performances in Production Management: Towards Energy Efficient Manufacturing[J]. Vallespir B, Alix T (eds) Advances in Production Management Systems. New Challenges, New Approaches. APMS 2009. IFIP Advances in Information and Communication Technology. Bordeaux, France: Springer, 2010: 168-175.

[32] 吴启迪,乔非,李莉,等.半导体制造系统调度[M].北京:电子工业出版社,2006.

[33] Schmidt M. The Sankey diagram in energy and material flow management[J]. Journal of Industrial Ecology, 2008, 12(1): 173-185.

[34] Sohlberg B. Grey box modeling for model predictive control of a heating process[J]. Journal of Process Control, 2003, 13(3):225-238.

[35] Ma F, Wang J. Modeling and simulation method of enterprise energy consumption process based on fuzzy timed Petri nets[C]. Meng M Q (ed) Proceedings of the 7th World Congress on Intelligent Control and Automation, Chongqing, China: IEEE, 2008: 4148-4153.

[36] Larsson M, Chuan W, Dahl J. Development of a method for analyzing energy, environmental and economic efficiency for an integrated steel plant[J]. Applied Thermal Engineering, 2006, 26:1353-1361.

[37] Dutta G, Fourer R. A survey of mathematical programming applications in integrated steel plants[J]. Manufacturing & Service Operations Management,

2001，3(4):387-400.

[38] Stark R J.Computerized energy management in an integrated steel plant[C]. Rauch H E (ed) Proceedings of the American Control Conference, San Diego, CA, USA: IEEE, 1984: 638-643.

[39] Dirk E M. Enterprise energy management[J].HPAC Engineering, 2005,12: 40-42.

[40] El Khatib A,Nassef G A, Fors M N, et al. Scheduling of condition-based predictive maintenance in ANSDK using computer-based on-line monitoring network [J]. Energy Engineering, 2000, 97(5):63-79.

[41] Storck J, Lindberg B. Assessment of best scheduling practice in continuous casting and hot rolling of stainless steel strip by system dynamics simulation[C]. Micari F. (ed) Sheet Metal 2007: Proceedings of the 12th International Conference, Palermo, Italy: Trans Tech Publications, 2007: 897-904.

[42] Artigues C, Lopez P, Haït A. The energy scheduling problem: Industrial case-study and constraint propagation techniques[J]. International Journal of Production Economics, 2013, 143(1): 13-23.

[43] Garetti M, Taisch M. Sustainable manufacturing: trends and research challenges [J]. Production Planning & Control, 2012, 23(2): 83-104.

[44] Merkert L, Harjunkoski I, Isaksson A, et al. Scheduling and energy — Industrial challenges and opportunities[J]. Computers & Chemical Engineering, 2015, 72: 183-198.

[45] Duflou J R, Sutherland J W, Dornfeld D, et al. Towards energy and resource efficient manufacturing: A processes and systems approach[J]. CIRP Annals — Manufacturing Technology, 2012, 61(2): 587-609.

[46] Haapala K R, Zhao F, Camelio J, et al. A Review of Engineering Research in Sustainable Manufacturing[J]. Journal of Manufacturing Science and Engineering-Transactions of the ASME, 2013, 135(4): 1-16.

[47] Gahm C, Denz F, Dirr M et al. Energy-efficient scheduling in manufacturing companies: A review and research framework[J]. European Journal of Operational Research, 2016, 248(3): 744-757.

[48] Biel K, Glock C H. Systematic literature review of decision support models for energy-efficient production planning[J]. Computers and Industrial Engineering, 2016, 101: 243-259.

[49] Harjunkoski I, Maravelias C T, Bongers P, et al. Scope for industrial applications of production scheduling models and solution methods[J]. Computers & Chemical Engineering, 2014, 62: 161-193.

[50] 王社斌，许并社，等.钢铁生产节能减排技术[M].北京：化学工业出版社，2008.

[51] Loo C E, Wong D J. Fundamental factors determining laboratory sintering results [J]. Iron Steel Institute of Japan, International, 2005, 45(4): 449-458.

[52] Higuchi K, Heerema R H. Influence of artificially induced porosity on strength and reduction behavior of hematite compacts [J]. Iron Steel Institute of Japan, International, 2005, 45(4): 574-581.

[53] Kumar NN, Kishalay M. Mathematical modeling and optimization of two-layer sintering process for sinter quality and fuel efficiency using genetic algorithm[J]. Materials and Manufacturing Process, 2005, 20(3): 335-349.

[54] Kostial I, Nemcovsky P, Terpak J, et al. Optimization of the sintering process[J]. Metallurgical, 2001, 40(2): 67-70.

[55] 徐伟.蚁群算法在烧结混匀矿配料中的应用[J].冶金自动化，2007(6)：12-15.

[56] 李勇，吴敏，曹卫华，等.基于线性规划和遗传——粒子群算法的烧结配料多目标综合优化方法[J].控制理论与应用，2011，28(12)：1740-1746.

[57] 吴敏，王春生，曹卫华.基于预测模型与调整规则的烧结配料优化综合集成方法[J].系统仿真学报，2008，20(9)：2423-2428.

[58] 吕学伟，白晨光，邱贵宝，等.烧结配料优化模型求解方法研究[J].应用基础与工程科学学报，2008，16(5)：695-702.

[59] 成兰伯.高炉炼铁工艺计算[M].北京：冶金工业出版社，1991.

[60] 那树人.炼铁计算[M].北京：冶金工业出版社，2005.

[61] 冯建生，王秀芝.一个基于神经网络的配矿专家系统[J].冶金自动化，1999(4)：7.

[62] 向齐良，吴敏，侯奔，等.基于成分预测模型的矿石烧结配料专家优化方法[J].山东大学学报，2005(8)：43-46.

[63] 王炜，陈畏林，贾斌，等.基于线性规划和神经网络的优化烧结配料系统开发[J].烧结球团，2006(2)：27-30.

[64] 刘勇，程武山，孙鑫.基于自适应遗传神经网络的烧结矿化学成分超前预报模型[J].烧结球团，2005，6(12)：16-19.

[65] 田卫红，吴敏.烧结配料优化控制专家系统[J].烧结球团，2006(2)：23-27.

[66] 龙红明，范晓慧，陈许玲，等.基于神经网络预报的烧结矿化学成分控制专家系统[J].北京科技大学学报，2006(9)：867-870.

[67] 李智，姚驻斌，张望兴，等.基于神经网络的混匀配料优化方法[J].钢铁研究，2000(7)：10-12.

[68] 李智，姚驻斌，张望兴，等.模拟退火算法在冶炼 Mn-Si 合金优化配料中的应用[J].钢铁研究，2000(9)：36-39.

[69] 吴敏，丁雷，曹卫华.基于混合粒子群算法的烧结配料优化[J].信息与控制，2008(4)：

242-246.
[70] 吕学伟，白晨光，邱宝贵.烧结配料智能优化方法探讨[J].材料与冶金学报，2007(6)：87-93.
[71] 刘红芳，王荣成，徐伟，等.蚁群算法在杭钢烧结混匀矿等 SiO2 等 TFe 配料中的应用[J].烧结球团，2007(2)：33-37.
[72] 韩延祥，王未磊，徐立哲，等.基于进化策略的烧结配料优化[J].机械工程师，2009(8)：55-56.
[73] 李绍铭，孟凡亮.烧结配料过程的模糊控制[J].烧结球团，2007(6)：31-34.
[74] Yin E, Zou F, Gao Z, et al. Researches on modeling and intelligent optimization method of scheduling for the process of alumina ore-burden energy saving oriented [C]. Proceedings of the 8th World Congress on Intelligent Control and Automation. Jinan, China: IEEE, 2010: 4477-4481.
[75] 吕学伟.基于遗传算法的烧结配料综合优化研究[J].钢铁，2007，42(4)：12-15.
[76] 李凯斌，卢建刚.基于改进差分进化算法的烧结矿配料优化[J].仪器仪表学报，2008，29(4)：245-249.
[77] 李智，姚志斌.免疫遗传算法在烧结矿配料优化中的应用[J].上海金属，2004，26(6)：23-28.
[78] 刘飞，徐宗俊.机床的节能性调度安排[J].机械工人冷加工，1986(9)：1-4.
[79] Boukas, E K, Haurie, A, Soumis, F. Hierarchical approach to steel production scheduling under a global energy constraint[J]. Annals of Operations Research. 1990, 26: 289-311.
[80] Lopez P. Energy-based approach for task scheduling under time and resources constraints [D]. France: Université Paul Sabatier-Toulouse, 1991.
[81] Che A, Lv K, Levner E, et al. Energy consumption minimization for single machine scheduling with bounded maximum tardiness[C]. Proceedings of the 2015 IEEE 12th International Conference on Networking, Sensing and Control. Taipei, Taiwan: IEEE, 2015: 146-150.
[82] 丁小祥.面向节能减排的锻造生产调度方法研究[D].南京：南京理工大学，2012.
[83] Fang K T, Lin B M T. Parallel-machine scheduling to minimize tardiness penalty and power cost[J]. Computers and Industrial Engineering, 2013, 64(1): 224-234.
[84] He Yan, Liu Fei. Methods for integrating energy consumption and environmental impact considerations into the production operation of machining processes[J]. Chinese Journal of Mechanical Engineering. 2010, 23: 428-435.
[85] Liu W, Sun L, Ding J, et al. Study on ladle schedule of steel making process using heuristic scheduling algorithm[C]. Proceedings of the 18th IFAC World Congress.

Milano, Italy: IFAC, 2011: 8211-8216.

[86] 曹华军,陶绪财,刘飞.基于批量分割及交货期约束的机床节能型优化调度方法及应用[J].机械科学与技术,2010(29):744-748.

[87] Zhang Z, Tang R, Peng T, et al. A method for minimizing the energy consumption of machining system: integration of process planning and scheduling[J]. Journal of Cleaner Production, 2016, 137: 1647-1662.

[88] He Y, Liu B, Zhang X, et al. A modeling method of task-oriented energy consumption for machining manufacturing system [J]. Journal of Cleaner Production. 2012, 23: 167-174.

[89] Liu G, Yang H, Cheng M. A three-stage decomposition approach for energy-aware scheduling with processing-time-dependent product quality[J]. International Journal of Production Research, 2016, 55(11): 3073-3091.

[90] Chen L, Tang L, Luo R. Differential evolution algorithm for hot rolling process optimization[C]. Proceedings of the IEEE International Conference on Automation and Logistics. Shenyang, China: IEEE, 2009: 1856-1860.

[91] Liu X, Zou F. Mathematical model and genetic optimization for hybrid flow shop scheduling problem based on energy consumption[C]. Proceedings of the 2008 Chinese Control and Decision Conference (CCDC 2008). Yantai, China: IEEE, 2008: 1002-1007.

[92] 刘向,邹逢兴,张湘平,等.面向节能的混合流水车间调度方法的研究[C].Proceedings of the 27th Chinese Control Conference. Kunming, China: IEEE, 2008: 48-53.

[93] 刘向.面向节能的流程工业生产调度建模与求解方法研究[D].长沙:国防科技大学,2008.

[94] Zeng L, Zou F, Xu X, et al. Dynamic scheduling of multi-task for hybrid flow-shop based on energy consumption[J]. Proceedings of the 2009 IEEE International Conference on Information and Automation. Kobe, Japan: IEEE, 2009: 478-482.

[95] Yin E, Zou F, Zou F. Research on the optimization method of virtual enterprise's task scheduling problems in aluminum industry[J]. Modern Applied Science. 2011, 5: 68-74.

[96] 印二威.面向节能的铝工业生产调度问题模型与算法研究[D].长沙:国防科技大学,2010.

[97] Nolde K, Morari M. Electrical load tracking scheduling of a steel plant [J]. Computers and Chemical Engineering, 2010, 34: 1899-1903.

[98] Diaz N, Dornfeld D. Cost and energy consumption optimization of product manufacture in a flexible manufacturing system[C]. Proceedings of the 19th CIRP

International Conference on Life Cycle Engineering. Berkeley, USA: Springer, 2012: 411-416.

[99] Shrouf F, Ordieres-Meré J, García-Sánchez A, et al. Optimizing the production scheduling of a single machine to minimize total energy consumption costs[J]. Journal of Cleaner Production, 2014, 67: 197-207.

[100] Fang K, Uhan N A, Zhao F, et al. Scheduling on a single machine under time-of-use electricity tariffs[J]. Annals of Operations Research, 2016, 238(1): 199-227.

[101] Che A, Zeng Y, Lyu K. An efficient greedy insertion heuristic for energy-conscious single machine scheduling problem under time-of-use electricity tariffs[J]. Journal of Cleaner Production, 2016, 129: 565-577.

[102] Gong X, DePessemier T, Joseph W, et al. A generic method for energy-efficient and energy-cost-effective production at the unit process level[J]. Journal of Cleaner Production, 2016, 113: 508-522.

[103] Haït A, Artigues C. Scheduling parallel production lines with energy costs[J]. Proceedings of the 13th IFAC Symposium on Information Control Problems in Manufacturing. Moscow, Russia: IFAC, 2009: 1-6.

[104] 李凯. 考虑节能降耗的关键机器调度问题研究[D]. 合肥:合肥工业大学,2009.

[105] Tang D, Dai M. Energy-efficient approach to minimizing the energy consumption in an extended job-shop scheduling problem[J]. Chinese Journal of Mechanical Engineering, 2015, 28(5): 1048-1055.

[106] Kemmoé S, Lamy D, Tchernev N. A job-shop with an energy threshold issue considering operations with consumption peaks[C]. Proceedings of the 15th IFAC Symposium onInformation Control Problems inManufacturing: INCOM 2015. Ottawa, Canada: Elsevier, 2015, 48(3): 788-793.

[107] Keller F, Schönborn C, Reinhart G. Energy-orientated machine scheduling for hybrid flow shops[C]. In: Procedia CIRP (Proceedings of the 22nd CIRP Conference on Life Cycle Engineering). Sydney, Australia: Elsevier, 2015, 29: 156-161.

[108] Subaïa Corinne, Baptisteb Pierre, Niel Eric. Scheduling issues for environmentally responsible manufacturing: The case of hoist scheduling in an electroplating line[J]. International Journal of Production Economics, 2006, 99: 74-87.

[109] Zhang Y, Tang L. Production scheduling with power price coordination in steel industry[C]. Proceedings of the Power and Energy Engineering Conference (APPEEC), 2010 Asia-Pacific. Chengdu, China: IEEE, 2010: 1-4.

[110] Fang K, Uhan N A, Zhao F, et al. Flow shop scheduling with peak power

consumption constraints [J]. Annals of Operations Research, 2013, 206 (1): 115-145.

[111] Bruzzone, AA G, Anghinolfi D, Paolucci M, et al. Energy-aware scheduling for improving manufacturing process sustainability: A mathematical model for flexible flow shops[J]. CIRP Annals — Manufacturing Technology, 2012, 61(1): 459-462.

[112] 公茂果,焦李成,杨咚咚,等.进化多目标优化算法研究[J].软件学报,2009,20(2):271-289.

[113] Swamee P K, Tyagi A. Describing water quality with aggregate index[J]. Journal of Environmental Engineering, 2000, 126(5): 451-455.

[114] Mouzon G, Yildirim M B, Twomey J. Operational methods for minimization of energy consumption of manufacturing equipment [J]. International Journal of Production Research, 2007, 45: 4247-4271.

[115] Wang S, Lu X, Li XX, et al. A systematic approach of process planning and scheduling optimization for sustainable machining [J]. Journal of Cleaner Production, 2015, 87: 914-929.

[116] Liang P, Yang H D, Liu G S, et al. An ant optimization model for unrelated parallel machine scheduling with energy consumption and total tardiness [J]. Mathematical Problems in Engineering, 2015, 2015: 1-8.

[117] Tonelli F, Bruzzone AA G, Paolucci M, et al. Assessment of mathematical programming and agent-based modelling for off-line scheduling: Application to energy aware manufacturing [J]. CIRP Annals — Manufacturing Technology, 2016, 65(1): 405-408.

[118] Paolucci M, Anghinolfi D, Tonelli F. Facing energy-aware scheduling: a multi-objective extension of a scheduling support system for improving energy efficiency in a moulding industry[J]. Soft Computing, 2015: 1-12.

[119] Tang L, Ren H, Yang Y. Reheat furnace scheduling with energy consideration[J]. International Journal of Production Research, 2015, 53(6): 1642-1660.

[120] 曹华军,刘飞,何彦. 机械加工系统节能降噪型综合任务分配模型及其应用[J].机械工程学报,2006(42):97-102.

[121] Salido M A, Escamilla J, Barber F, et al. Energy efficiency, robustness, and makespan optimality in job-shop scheduling problems. Artificial Intelligence for Engineering Design[J]. Analysis and Manufacturing, 2016, 30(3): 300-312.

[122] Dai M, Tang D, Giret A, et al. Energy-efficient scheduling for a flexible flow shop using an improved genetic-simulated annealing algorithm [J]. Robotics and Computer-Integrated Manufacturing, 2013, 29(5): 418-429.

[123] Yan J, Li L, Zhao F, et al. A multi-level optimization approach for energy-efficient flexible flow shop scheduling [J]. Journal of Cleaner Production, 2016, 137: 1543-1552.

[124] Liu G, Zhou Y, Yang H. Minimizing energy consumption and tardiness penalty for fuzzy flow shop scheduling with state-dependent setup time[J]. Journal of Cleaner Production, 2017, 147: 470-484.

[125] Moon J-Y, Park J. Smart production scheduling with time-dependent and machine-dependent electricity cost by considering distributed energy resources and energy storage [J]. International Journal of Production Research, 2014, 52 (13): 3922-3939.

[126] Sharma A, Zhao F, Sutherland J W. Econological scheduling of a manufacturing enterprise operating under a time-of-use electricity tariff [J]. Journal of Cleaner Production, 2015, 108: 256-270.

[127] Cheng J, Chu F, Xia W, et al. Bi-objective optimization for single-machine batch scheduling considering energy cost[C]. In: Kacem, I (ed) Proceedings of the 2014 International Conference on Control, Decision and Information Technologies (CoDIT). Metz, France: IEEE, 2014: 236-241.

[128] Dai M, Tang D, Xu Y, et al. Energy-aware integrated process planning and scheduling for job shops [J]. Proceedings of the Institution of Mechanical Engineers, Part B: Journal of Engineering Manufacture, 2015, 229(S1): 13-26.

[129] Tang D, Dai M, Salido M A, et al. Energy-efficient dynamic scheduling for a flexible flow shop using an improved particle swarm optimization[J]. Computers in Industry, 2016, 81: 82-95.

[130] Tan Y, Huang Y, Liu S. Two-stage mathematical programming approach for steelmaking process scheduling under variable electricity price[J]. Journal of Iron and Steel Research, International, 2013, 20(7): 1-8.

[131] Nilakantan J M, Huang G Q, Ponnambalam S G. An investigation on minimizing cycle time and total energy consumption in robotic assembly line systems [J]. Journal of Cleaner Production, 2015, 90: 311-325.

[132] Mouzon G, Yildirim M B. A framework to minimize total energy consumption and total tardiness on a single machine [J]. International Journal of Sustainable Engineering, 2008, 1: 105-116.

[133] Yildirim M B, Mouzon G. Single-machine sustainable production planning to minimize total energy consumption and total completion time using a multiple objective genetic algorithm[J]. IEEE Transactions on Engineering Management,

2012, 59(4): 585-597.

[134] Mouzon G. Operational methods and models for minimization of energy consumption in a manufacturing environment [D]. USA: Wichita State University, 2008.

[135] Liu C, Yang J, Lian J, et al. Sustainable performance oriented operational decision-making of single machine systems with deterministic product arrival time[J]. Journal of Cleaner Production, 2014, 85: 318-330.

[136] Zheng H, Wang L. Reduction of carbon emissions and projectmakespan by a Pareto-based estimation of distribution algorithm[J]. International Journal of Production Economics, 2015, 164: 421-432.

[137] He Y, Liu F, Cao H. A bi-objective model for job-shop scheduling problem to minimize both energy consumption andmakespan[J]. Journal of Central South University of Technology. 2005, 12: 167-171.

[138] Lei D, Guo X. An effective neighborhood search for scheduling in dual-resource constrained interval job shop with environmental objective[J]. International Journal of Production Economics, 2015, 159: 296-303.

[139] May G, Stahl B, Taisch M, et al. Multi-objective genetic algorithm for energy-efficient job shop scheduling[J]. International Journal of Production Research, 2015, 53(23): 7071-7089.

[140] Liu Y, Dong H, Lohse N, et al. A multi-objective genetic algorithm for optimisation of energy consumption and shop floor production performance[J]. International Journal of Production Economics, 2016, 179: 259-272.

[141] Zhang R, Chiong R. Solving the energy-efficient job shop scheduling problem: a multi-objective genetic algorithm with enhanced local search for minimizing the total weighted tardiness and total energy consumption[J]. Journal of Cleaner Production, 2016, 112: 3361-3375.

[142] Fang K, Uhan N, Zhao F, et al. A new approach to scheduling in manufacturing for power consumption and carbon footprint reduction[J]. Journal of Manufacturing Systems, 2011, 30: 234-240.

[143] Mansouri S A, Aktas E, Besikci U. Green scheduling of a two-machine flowshop: Trade-off between makespan and energy consumption[J]. European Journal of Operational Research, 2016, 248(3): 772-788.

[144] Lin W, Yu D Y, Zhang C, et al. A multi-objective teaching-learning-based optimization algorithm to scheduling in turning processes for minimizing makespan and carbon footprint[J]. Journal of Cleaner Production, 2015, 101: 337-347.

[145] Ding J, Song S, Wu C. Carbon-efficient scheduling of flow shops by multi-objective optimization[J]. European Journal of Operational Research, 2016, 248(3): 758-771.

[146] Lu C, Gao L, Li X, et al. Energy-efficient permutation flow shop scheduling problem using a hybrid multi-objective backtracking search algorithm[J]. Journal of Cleaner Production, 2017, 144: 228-238.

[147] He Y, Li Y, Wu T, et al. An energy-responsive optimization method for machine tool selection and operation sequence in flexible machining job shops[J]. Journal of Cleaner Production, 2015, 87: 245-254.

[148] Liu C, Dang F, Li W, et al. Production planning of multi-stage multi-option seru production systems with sustainable measures[J]. Journal of Cleaner Production, 2015, 105: 285-289.

[149] Jiang Z, Zuo L, E M. Study on multi-objective flexible job-shop scheduling problem considering energy consumption. Journal of Industrial Engineering and Management, 2014, 7(3): 589-604.

[150] Zhang C, Gu P, Jiang P. Low-carbon scheduling and estimating for a flexible job shop based on carbon footprint and carbon efficiency of multi-job processing[J]. Proceedings of the Institution of Mechanical Engineers, Part B: Journal of Engineering Manufacture, 2015, 229(2): 328-342.

[151] Zhang L, Li X, Gao L, et al. Dynamic rescheduling in FMS that is simultaneously considering energy consumption and schedule efficiency[J]. The International Journal of Advanced Manufacturing Technology, 2016, 87(5): 1387-1399.

[152] Wolpert D H, Macready W G. No free lunch theorems for optimization[J]. IEEE Transactions on Evolutionary Computation, 1997, 1(1): 67-82.

[153] Méndez C A, Cerdá J, Grossmann I E, et al. State-of-the-art review of optimization methods for short-term scheduling of batch processes[J]. Computers & Chemical Engineering, 2006, 30(6): 913-946.

[154] Liu C H. Approximate trade-off betweenminimisation of total weighted tardiness and minimisation of carbon dioxide (CO_2) emissions in bi-criteria batch scheduling problem[J]. International Journal of Computer Integrated Manufacturing, 2014, 27(8): 759-771.

[155] Liu C, Huang D. Reduction of power consumption and carbon footprints by applying multi-objective optimisation via genetic algorithms[J]. International Journal of Production Research, 2014, 52(2): 337-352.

[156] Luo H, Du B, Huang G Q, et al. Hybrid flow shop scheduling considering machine

electricity consumption cost[J]. International Journal of Production Economics, 2013, 146(2): 423-439.

[157] 杜冰.批处理机调度问题的模型与优化方法研究[D].合肥:中国科学技术大学,2011.

[158] Peng T, Xu X. Energy-efficient machining systems: a critical review[J]. The International Journal of Advanced Manufacturing Technology, 2014, 72(9): 1389-1406.

[159] Haapala K R, Catalina A V, Johnson M L, et al. Development and application of models for steelmaking and casting environmental performance[J]. Journal of Manufacturing Science and Engineering, 2012, 134(5): 1-13.

[160] Wang J, Qiao F. Cost and energy consumption collaborative optimization for sintering burdening in iron and steel enterprise[C]. In: Proceedings of the 2014 IEEE International Conference on Automation Science and Engineering (CASE). Taipei, China: IEEE, 2014: 486-491.

[161] Castro J A de, Sazaki Y, Yagi J. Three dimensional mathematical model of the iron ore sintering process based on multiphase theory[J]. Materials Research, 2012, 15(6): 848-858.

[162] Park H S, Dang X. Multiobjective optimization of the heating process for forging automotive crankshaft[J]. Journal of Manufacturing Science and Engineering, 2015, 137(3): 1-11.

[163] Nelson A W, Malik A S, Wendel J C, et al. Probabilistic force prediction in cold sheet rolling by bayesian inference[J]. Journal of Manufacturing Science and Engineering, 2014, 136(4): 1-6.

[164] Han Q, Jin Y, Zhang J. Application of neural networks in the prediction of solid fuel consumption in sintering process[J]. Energy for Metallurgical Industry, 2005, 24(2): 9-11.

[165] He G, Sun Y, Wang B. An improved neural network algorithm and its application in sinter cost prediction[J]. Computer Engineering & Science, 2010, 32(8): 138-140.

[166] Meng H, Qiao F, Li L. Predictive model of energy consumption in sintering process based on BP neural network[J]. Mechanical Engineer, 2012(2): 45-47.

[167] Feng Z, Zhang H, Wang Y. Study on prediction and optimization of sintering process energy consumption[J]. Sintering and Pelletizing, 2012, 37(6): 13-17.

[168] Muller J, Vries T de, Dippenaar B, et al. Development of an iron ore sinter process model to predict sinter strand operating parameters using the finite difference method[C]. In: Proceedings of the International Conference on Pyrometallurgical

Modelling — Principles and Practices, Kempton Park, South Africa: SAIMM, 2014: 61-78.

[169] Zhou H, Zhao J, Loo C E, et al. Numerical Modeling of the Iron Ore Sintering Process[J]. ISIJ International, 2012, 52(9): 1550-1558.

[170] Zhou H, Zhao J, Loo C E, et al. Model predictions of important bed and gas properties during iron ore sintering [J]. ISIJ International, 2012, 52 (12): 2168-2176.

[171] Er M J, Liao J, Lin J. Fuzzy neural networks-based quality prediction system for sintering process[J]. IEEE Transactions on Fuzzy Systems, 2000, 8(3): 314-324.

[172] 鲍雅萍,马金元,宋强.基于灰色神经网络的烧结矿碱度组合预测[J].控制理论与应用,2008,25(4):791-793.

[173] Attanasio A, Ceretti E, Giardini C, et al. Tool wear in cutting operations: experimental analysis and analytical models[J]. Journal of Manufacturing Science and Engineering, 2013, 135(5): 1-12.

[174] Geerdes W M, Alvarado M A T, Cabrera-Ríos M, et al. An application of physics-based and artificial neural networks-based hybrid temperature prediction schemes in a hot strip mill[J]. Journal of Manufacturing Science and Engineering, 2008, 130 (1): 1-6.

[175] Omitaomu O A, Jeong M K, Badiru A B, et al. On-line prediction of motor shaft misalignment using fast fourier transform generated spectra data and support vector regression[J]. Journal of Manufacturing Science and Engineering, 2006, 128(4): 1-9.

[176] Asilturk İ, Kahramanli H, El Mounayri H. Prediction of cutting forces and surface roughness using artificial neural network (ANN) and support vector regression (SVR) in turning 4140 steel[J]. Materials Science and Technology, 2012, 28(8): 980-986.

[177] Vapnik V N, Chervonenkis A Y. On the uniform convergence of relative frequencies of events to their probabilities[M]. Measures of Complexity: Springer, 2015: 11-30.

[178] Vapnik V N. The Nature of Statistical Learning Theory [M]. New York: Springer, 1999.

[179] Shevade S K, Keerthi S S, Bhattacharyya C, et al. Improvements to the SMO algorithm for SVM regression[J]. IEEE Transactions on Neural Networks, 2000, 11(5): 1188-1193.

[180] Breunig M M, Kriegel H P, Ng R T, et al. LOF: Identifying density-based local

outliers[C]. Proceedings of the 2000 ACM SIGMOD International Conference on Management of Data. Dallas, TX, USA: ACM, 2000, 29(2): 93-104.

[181] Song Q, Wang A. Simulation and prediction of alkalinity in sintering process based on grey least squares support vector machine[J]. Journal of Iron and Steel Research International, 2009, 16(5): 1-6.

[182] Fu J, Huang C, Xing J, et al. Pattern classification using an olfactory model with PCA feature selection in electronic noses: study and application[J]. Sensors, 2012, 12(3): 2818-2830.

[183] Rana M, Koprinska I, Agelidis V G. Feature selection for electricity load prediction [C]. Huang T, Zeng Z, Li C et al (eds) Proceedings of the 19th International Conference on Neural Information Processing, ICONIP 2012. Doha, Qatar: Springer, 2012: 526-534.

[184] Islam T, Srivastava P K, Dai Q, et al. Rain rate retrieval algorithm for conical-scanning microwave imagers aided by random forest, RReliefF, and multivariate adaptive regression splines (RAMARS)[J]. IEEE Sensors Journal, 2015, 15(4): 2186-2193.

[185] Robnik-Šikonja M, Kononenko I. Theoretical and empirical analysis of ReliefF and RReliefF[J]. Machine Learning, 2003, 53(1): 23-69.

[186] Prakasvudhisarn C, Trafalis T B, Raman S. Support vector regression for determination of minimum zone [J]. Journal of Manufacturing Science and Engineering, 2003, 125(4): 736.

[187] Huang G, Wang D, Lan Y. Extreme learning machines: a survey[J]. International Journal of Machine Learning and Cybernetics, 2011, 2(2): 107-122.

[188] Tian X, Mao Z. An ensemble ELM based on modified AdaBoost. RT algorithm for predicting the temperature of molten steel in ladle furnace[J]. IEEE Transactions on Automation Science and Engineering, 2010, 7(1): 73-80.

[189] Lv W, Mao Z, Yuan P, et al. Pruned Bagging aggregated hybrid prediction models for forecasting the steel temperature in ladle furnace [J]. Steel Research International, 2014, 85(3): 405-414.

[190] Tian X, Mao Z. Multi-model prediction of molten steel temperature based on Bagging[J]. Control and Decision, 2009, 24(5): 687-691.

[191] Li H, Wang B. Analysis of environmental and economic benefits in iron and steel enterprises by entropy weight fuzzy comprehensive evaluation model [J]. Environmental Engineering and Management Journal, 2014, 13(5): 1213-1219.

[192] Huang G, Zhu Q, Siew C. Extreme learning machine: a new learning scheme of

feedforward neural networks[C]. Proceedings of the 2004 IEEE International Joint Conference on Neural Networks. Budapest, Hungary: IEEE, 2004: 985-990.

[193] Han M, Liu C. Endpoint prediction model for basic oxygen furnace steel-making based on membrane algorithm evolving extreme learning machine[J]. Applied Soft Computing Journal, 2013, 19: 430-437.

[194] Liu X, Gao C, Li P. A comparative analysis of support vector machines and extreme learning machines[J]. Neural Networks, 2012, 33: 58-66.

[195] Drucker H, Burges C J C, Kaufman L, et al. Support vector regression machines [C]. In: Mozer, M C, Jordan, M I, and Petsche, T (eds) Advances in Neural Information Processing Systems 9: Proceedings of the 1996 Conference. Denver, USA: MIT Press, 1997: 155-161.

[196] Li Y, Wu M, Cao W, et al. Intelligent integrated model with cascade structure for sinter quality prediction[J]. Chinese Journal of Scientific Instrument, 2011, 32(8): 1742-1750.

[197] Ruszczyński, A. Nonlinear Optimization [M]. USA: Princeton University Press. 2006.

[198] Nocedal J, Wright S J. Fundamentals of algorithms for nonlinear constrained optimization. In: Numerical Optimization [M]. New York: Springer, 2006: 421-447.

[199] Eroglu D Y,Ozmutlu H C, Ozmutlu S. Genetic algorithm with local search for the unrelated parallel machine scheduling problem with sequence-dependent set-up times[J]. International Journal of Production Research, 2014, 52(19): 5841-5856.

[200] Vallada E, Ruiz R. A genetic algorithm for the unrelated parallel machine scheduling problem with sequence dependent setup times[J]. European Journal of Operational Research, 2011, 211(3): 612-622.

[201] Tanaka S, Araki M. A branch-and-bound algorithm withLagrangian relaxation to minimize total tardiness on identical parallel machines[J]. International Journal of Production Economics, 2008. 113(1): 446-458.

[202] Chaudhry IA, Drake P R. Minimizing total tardiness for the machine scheduling and worker assignment problems in identical parallel machines using genetic algorithms [J]. The International Journal of Advanced Manufacturing Technology, 2009. 42 (5): 581-594.

[203] 刘民,吴澄,蒋新松.用遗传算法解决并行多机调度问题[J].系统工程理论与实践,1998,18(1):14-17.

[204] Wang L Y, Huang X, Ji P, et al. Unrelated parallel-machine scheduling with

deteriorating maintenance activities to minimize the total completion time[J]. Optimization Letters, 2014, 8(1): 129-134.

[205] Kashan A H, Karimi B. A discrete particle swarm optimization algorithm for scheduling parallel machines[J]. Computers & Industrial Engineering, 2009, 56(1): 216-223.

[206] Yeh W C, Lai P J, Lee W C, et al. Parallel-machine scheduling to minimizemakespan with fuzzy processing times and learning effects[J]. Information Sciences, 2014, 269: 142-158.

[207] 宋继伟.轧辊热处理过程中若干调度问题的启发式算法研究[D].沈阳:东北大学,2010.

[208] 朱祝林.以能源节约为目标的轧辊热处理过程中若干调度优化方法研究[D].沈阳:东北大学,2011.

[209] Tang L, Jiang S, Liu J. Rolling horizon approach for dynamic parallel machine scheduling problem with release times[J]. Industrial & Engineering Chemistry Research, 2010, 49(1): 381-389.

[210] Ingimundardottir H, Runarsson T P. Supervised learning linear priority dispatch rules for job-shop scheduling[M]. Learning and intelligent optimization. Berlin: Springer, 2011: 263-277.

[211] Baker K R, Altheimer D. Heuristic solution methods for the stochastic flow shop problem[J]. European Journal of Operational Research, 2012, 216(1): 172-177.

[212] 史烨,李凯,左春荣.加工时间依赖于资源消耗量的平行机调度问题[J].系统工程理论与实践,2012,32(7):1485-1493.

[213] 杨业建,姜泽毅,张欣欣.钢坯热轧加热炉区生产调度模型与算法[J].北京科技大学学报,2012,34(7):841-846.

[214] Muralidhar A, Alwarsamy T. Multi-objective optimization of parallel machine scheduling using neural networks[J]. International Journal of Latest Trends in Engineering and Technology (IJLTET), 2013, 2(2): 127-132.

[215] 屠乃威,罗小川,柴天佑.基于蚁群优化算法的步进式加热炉调度[J].东北大学学报:自然科学版,2011,32(1):1-4.

[216] 孙学刚,贠超,安振刚.基于免疫文化算法的特钢加热炉调度优化[J].控制理论与应用,2010,27(8):1007-1011.

[217] Graham R L, Lawler E L, Lenstra J K, et al. Optimization and approximation in deterministic sequencing and scheduling: A survey [J]. Annals of Discrete Mathematics, 1979, 5: 287-326.

[218] Pinedo M L. Scheduling Theory, Algorithms, and Systems[M]. New York:

Springer, 2008.

[219] 李小林.平行机环境下批处理机调度[D].合肥:中国科学技术大学,2012.

[220] Uzsoy R. Scheduling a single batch processing machine with non-identical job sizes [J]. International Journal of Production Research, 1994, 32(7): 1615-1635.

[221] Dupont L, Ghazvini F J. Minimizing makespan on a single batch processing machine with non-identical job sizes [J]. European Journal of Automation, 1998, 32: 431-440.

[222] Chou F D, Chang P C, Wang H M. A hybrid genetic algorithm to minimizemakespan for the single batch machine dynamic scheduling problem[J]. The International Journal of Advanced Manufacturing Technology, 2006, 31(3): 350-359.

[223] Zhang H, Zhao F, Fang K, et al. Energy-conscious flow shop scheduling under time-of-use electricity tariffs [J]. CIRP Annals — Manufacturing Technology, CIRP, 2014, 63(1): 37-40.

[224] Zhang H, Zhao F, Sutherland J W. Energy-efficient scheduling of multiple manufacturing factories under real-time electricity pricing [J]. CIRP Annals — Manufacturing Technology, 2015, 64(1): 41-44.

[225] Jang J Y, Huang J B. Optimization of a slab heating pattern for minimum energy consumption in a walking-beam type reheating furnace [J]. Applied Thermal Engineering, 2015, 85: 313-321.

[226] Huang J, Süer G A. A dispatching rule-based genetic algorithm for multi-objective job shop scheduling using fuzzy satisfaction levels [J]. Computers & Industrial Engineering, 2015, 86: 29-42.

[227] Nailwal K K, Gupta D, Sharma S, et al. Fuzzy bi-criteria scheduling on parallel machines involving weighted flow time and maximum tardiness [J]. Cogent Mathematics, 2015, 2(1): 1-10.

[228] Cheng B, Li K, Chen B. Scheduling a single batch-processing machine with non-identical job sizes in fuzzy environment using an improved ant colony optimization [J]. Journal of Manufacturing Systems, 2010, 29: 29-34.

[229] Dubois D, Prade H. Fuzzy sets and systems [M]. New York: Academic Press, 1988.

[230] Lei D. Pareto archive particle swarm optimization for multi-objective fuzzy job shop scheduling problems [J]. The International Journal of Advanced Manufacturing Technology, 2007, 37: 157-165.

[231] Torabi S, Sahebjamnia N, Mansouri S A, et al. A particle swarm optimization for a

fuzzy multi-objective unrelated parallel machines scheduling problem[J]. Applied Soft Computing, 2013, 13: 4750-4762.

[232] Deb K, Pratap A, Agarwal S, et al. A fast and elitist multiobjective genetic algorithm: NSGA-II[J]. IEEE Transactions on Evolutionary Computation. 2002, 6(2): 182-197.

[233] Panigrahi B K, Pandi V R, Das S, et al. Multiobjective fuzzy dominance based bacterial foraging algorithm to solve economic emission dispatch problem[J]. Energy, 2010, 35: 4761-4770.

[234] Hou S S, Chen C H, Chang C Y, et al. Firing blast furnace gas without support fuel in steel mill boilers[J]. Energy Conversion and Management, 2011, 52: 2758-2767.

[235] http://www.eurotherm.net/en-gb/industries/heat-treatment/metals-applications/soaking-pit/.

[236] http://www.lirkorea.com/Landinstruments.net%20Website/infrared/application/iron_steel/hotrolling.htm.

[237] 赵珺.轧钢过程生产调度及其优化算法的研究与应用[D].大连:大连理工大学,2008.

[238] Tang L, Liu J, Rong A, et al. A review of planning and scheduling systems and methods for integrated steel production[J]. European Journal of Operational Research, 2001, 133(1): 1-20.

[239] Peter C L, Wafa R. Integration of continuous caster and hot strip mill planning for steel production[J]. Journal of Scheduling, 2000, 3(4): 185-208.

[240] Tian W, Chiu W K. Calculation of direct exchange areas for nonuniform zones using a reduced integration scheme[J]. Journal of Heat Transfer, 2003, 125(5): 839-844.

[241] Chai T Y, Wang Z J, Zhang L. Optimal setting model of reheat furnace temperature[J]. Acta Automatica Sinica, 2000, 26(4): 537-541.

[242] Steinboeck A, Kugi A. Optimized pacing of continuous reheating furnaces[C]. Proceedings of the Control Conference, 2013 European. Zurich, Switzerland: IEEE, 2013: 4454-4459.

[243] 谭园园,宋健海,刘士新.加热炉优化调度模型及算法研究[J].控制理论与应用,2011,28(11):1549-1557.

附录A 烧结工序属性权重表

表 A.1 与固体能耗相关的属性权重

属性	权重(10^{-2})	排名	属性	权重(10^{-2})	排名
混匀矿	2.136 7	3	#4 北侧风箱温度	0.061 6	59
灰粉(石灰岩)	0.896 0	35	#5 北侧风箱温度	−0.250 3	64
云粉(白云石)	2.531 5	2	#6 北侧风箱温度	−0.024 7	62
生灰(生石灰)	1.080 4	24	#7 北侧风箱温度	0.166 7	55
焦粉(焦炭)	3.215 9	1	#1 南侧风箱负压	−0.311 2	67
内返矿	1.019 0	29	#2 南侧风箱负压	0.289 6	51
外返矿	1.051 6	27	#3 南侧风箱负压	1.572 9	9
瓦斯灰	1.254 5	16	#4 南侧风箱负压	0.844 8	37
钢渣	−1.168 7	72	#5 南侧风箱负压	0.533 5	45
煤气	1.091 6	23	#6 南侧风箱负压	0.943 5	32
冷却水	1.050 7	28	#7 南侧风箱负压	1.359 3	12
生产水	0.031 2	60	#8 南侧风箱负压	−1.233 6	73
台车速度	1.103 3	22	#1 北侧风箱负压	0.237 8	52
料层厚度	0.664 5	42	#2 北侧风箱负压	0.010 8	61
一混加水	−0.267 5	65	#3 北侧风箱负压	1.300 9	14
二混加水	−0.559 2	69	#4 北侧风箱负压	0.233 2	53
点火温度#1	1.211 1	17	#5 北侧风箱负压	−0.350 8	68
点火温度#2	1.807 1	7	#6 北侧风箱负压	1.168 9	18
点火温度#3	2.122 6	4	#7 北侧风箱负压	1.481 2	11
炉膛压力	0.520 7	47	#8 北侧风箱负压	−0.904 3	71
总管空气压力	−0.140 6	63	大烟道南侧温度	0.791 0	38
总管煤气压力	0.153 1	57	大烟道北侧温度	0.445 7	49
总管煤气流量	1.071 7	26	大烟道南侧负压	0.903 7	34

（续表）

属性	权重（10^{-2}）	排名	属性	权重（10^{-2}）	排名
#1 管煤气流量	1.151 4	19	大烟道北侧负压	1.295 1	15
#1 管空气流量	0.154 0	56	带冷烟罩废气温度	1.112 7	21
#2 管煤气流量	0.489 2	48	主抽风机 #1 电流	1.500 6	10
#2 管空气流量	0.222 0	54	主抽风机 #2 电流	1.147 7	20
#1 南侧风箱温度	0.524 5	46	传送带 1H-1 物料流量（一混加水前）	1.008 9	30
#2 南侧风箱温度	0.631 6	43	传送带 Z2-1 物料流量（二混加水后）	0.756 8	39
#3 南侧风箱温度	0.918 2	33	传送带 1S-1 物料流量（升至原料混合料斗）	2.085 2	5
#4 南侧风箱温度	0.730 7	40	传送带 1S-2 物料流量（升至铺底料料斗）	1.308 3	13
#5 南侧风箱温度	−0.846 5	70	传送带 Z4/Z5 物料流量（运输返矿）	0.895 2	36
#6 南侧风箱温度	1.769 5	8	传送带 Z6-1 物料流量（运输返矿）	0.694 8	41
#7 南侧风箱温度	0.338 6	50	传送带 PD-1 物料流量（运输热返矿铺底料）	1.973 7	6
#1 北侧风箱温度	0.600 7	44	传送带 CP-1 物料流量（将烧结矿送至高炉）	1.077 8	25
#2 北侧风箱温度	0.075 4	58	OG 泥流量	−0.292 1	66
#3 北侧风箱温度	0.966 4	31			

表 A.2　与气体能耗相关的属性权重

属性	权重（10^{-2}）	排名	属性	权重（10^{-2}）	排名
混匀矿	2.517 2	7	#4 北侧风箱温度	−0.289 9	69
灰粉（石灰岩）	1.132 7	32	#5 北侧风箱温度	−0.032 6	64
云粉（白云石）	2.270 4	10	#6 北侧风箱温度	0.698 4	49
生灰（生石灰）	1.910 3	14	#7 北侧风箱温度	−0.044 1	65
焦粉（焦炭）	2.409 7	9	#1 南侧风箱负压	0.030 1	63

（续表）

属性	权重 (10^{-2})	排名	属性	权重 (10^{-2})	排名
内返矿	1.226 6	27	#2 南侧风箱负压	0.665 5	50
外返矿	1.526 6	17	#3 南侧风箱负压	1.201 9	29
瓦斯灰	1.627 5	16	#4 南侧风箱负压	1.200 5	30
钢渣	−0.383 4	70	#5 南侧风箱负压	−0.150 1	67
煤气	1.181 5	31	#6 南侧风箱负压	0.795 2	45
冷却水	3.110 7	3	#7 南侧风箱负压	0.968 3	40
生产水	0.262 1	60	#8 南侧风箱负压	−1.228 1	73
台车速度	2.103 2	12	#1 北侧风箱负压	0.629 9	51
料层厚度	0.893 6	42	#2 北侧风箱负压	0.512 7	54
一混加水	0.065 5	62	#3 北侧风箱负压	1.474 9	19
二混加水	−0.732 9	72	#4 北侧风箱负压	0.615 7	52
点火温度#1	2.507 2	8	#5 北侧风箱负压	−0.068 1	66
点火温度#2	2.658 2	5	#6 北侧风箱负压	0.706 2	48
点火温度#3	3.291 5	2	#7 北侧风箱负压	1.212 2	28
炉膛压力	0.943 8	41	#8 北侧风箱负压	−0.576 3	71
总管空气压力	0.477 3	55	大烟道南侧温度	0.473 3	56
总管煤气压力	0.424 8	58	大烟道北侧温度	0.605 4	53
总管煤气流量	2.576 8	6	大烟道南侧负压	1.079 1	35
#1 管煤气流量	2.865 5	4	大烟道北侧负压	1.287 8	24
#1 管空气流量	1.281 8	25	带冷烟罩废气温度	1.443 4	20
#2 管煤气流量	1.260 9	26	主抽风机#1 电流	1.896 4	15
#2 管空气流量	0.985 5	38	主抽风机#2 电流	1.485 4	18
#1 南侧风箱温度	1.128 3	33	传送带 1H-1 物料流量（一混加水前）	0.973 4	39
#2 南侧风箱温度	0.864 6	44	传送带 Z2-1 物料流量（二混加水后）	0.873 0	43
#3 南侧风箱温度	1.060 5	36	传送带 1S-1 物料流量（升至原料混合料斗）	1.961 4	13

（续表）

属性	权重（10^{-2}）	排名	属性	权重（10^{-2}）	排名
#4 南侧风箱温度	0.373 5	59	传送带 1S-2 物料流量（升至铺底料料斗）	1.320 7	23
#5 南侧风箱温度	−0.162 8	68	传送带 Z4/Z5 物料流量（运输返矿）	1.351 1	22
#6 南侧风箱温度	0.782 3	46	传送带 Z6-1 物料流量（运输返矿）	1.083 8	34
#7 南侧风箱温度	0.734 8	47	传送带 PD-1 物料流量（运输热返矿铺底料）	3.435 3	1
#1 北侧风箱温度	0.989 2	37	传送带 CP-1 物料流量（将烧结矿送至高炉）	2.183 2	11
#2 北侧风箱温度	0.207 0	61	OG 泥流量	0.430 9	57
#3 北侧风箱温度	1.390 7	21			

附录 B 缩略词

简称	全称	解释	首次出现章节
ACO	Ant colony optimization	蚁群算法	4.1.2
AI	Artificial intelligence	人工智能	4.1.2
Al_2O_3	—	氧化铝	2.2.3.1
ANN	Artificial neural network	人工神经网络	2.2
APS	Advanced planning and scheduling	先进制造与调度	1.1
ATC	Apparent tardiness cost	显著延误成本	1.4.3.1
Bagging	Bootstrap aggregating	引导聚合技术	2.3
BB	Branch &bound	分枝定界法	4.1.2
BFG	Blast furnace gas	高炉煤气	1.1
BFLPT	Best Fit LPT	最佳匹配 LPT	4.2.2.2
BPNN	Back propagation neural networks	反向传播神经网络	2.2
BPR	Business process reengineering	企业流程再造	1.1
CaO	—	氧化钙	2.2.3.1
CDQ	Coke dry quenching	干法熄焦	1.1
CIMS	Computer integrated manufacturing system	计算机集成制造系统	1.1
C_{max}	Makespan	最大完工时间	2.1.1.1
CNC	Computerized numerical control	计算机数控	1.1
COG	Coke-oven gas	焦炉煤气	1.1
DI	Drum index	转股指数	2.2.3.1
e	The average residual	残差平均值	2.3.4
EC	Energy cost	能源成本	2.1.1.2
ECTC	Energy consumption and total cost	能耗和生产成本指标协同优化模型	3.2.3

（续表）

简称	全称	解释	首次出现章节
ELM	Extreme learning machine	极限学习机	2.2.2.1
EM	Enumerative methods	枚举方法	4.1.2
E_{max}	Max relative error	最大相对误差	2.2.2.2
ERP	Enterprise resource planning	企业资源计划	1.1
ERT	Earlist release time	最早到达时间优先	4.3.2
E_u	Unload energy consumption	非装载能耗	2.1.1.2
FeO	—	氧化亚铁	2.2.3.1
FFLPT	First Fit LPT	最早匹配 LPT	4.2.2.2
FFPM	First fit parallel machine	最早匹配并行机	6.2.3.1
FT	Flow time	流水时间(加权总完工时间)	2.1.1.1
GA	Genetic algorithm	遗传算法	目录
GEC	Specific gas energy consumption	单位气体能耗	2.1.2
GM(1,1)	Gray model (1,1)	灰色模型(1,1)	目录
HM	Heuristic method	启发式方法	4.1.2
HPSO	Hybrid particle swam optimization	混合粒子群算法	1.3
IA	Immunity algorithm	免疫算法	4.1.2
ICT	Information and communication technology	信息通信技术	前言
IMS	Intelligent manufacturing system	智能制造系统	1.1
Int. Model	The integrated model	集成模型	2.3.4
LOF	Local outlier factor	局部离群因子算法	2.3
LP	Lean production	精益生产	1.1
LPT	Longest processing time first	最长加工时间优先	4.2.2.2
MES	Manufacturing executive system	制造执行系统	1.1
MgO	—	氧化镁	2.2.3.1
MIMO	Multiple input multiple output	多输入多输出	2.2.2.1

（续表）

简称	全称	解释	首次出现章节
MIP	Mixed integer programming	混合整数规划	4.2.1
MISO	Multiple input single output	多输入单输出	2.2.2.1
MRE	Mean relative error	平均相对误差	2.2.2.2
MSE	Mean square error	均方差	2.2.2.2
NSGA-II	Non-dominated sorting genetic algorithm-II	非占优排序遗传算法 II	目录
OM	Optimization methods	最优化方法	4.1.2
PDR	Priority dispatch rule	优先分配规则	4.1.2
PLP	Peak load power	峰值负载功耗	2.1.1.2
PMBS	Parallel machine batching scheduling	并行机组批调度	4.1.2
P_r	Precision	精准度	2.3.4
R	—	碱度	2.2.3.1
RBFN	Radial basis function networks	径向基函数网络	2.2
RFP	Rate of finished products	成品率	2.2.3.1
RReliefF	—	一种基于 Relief 算法的连续变量特征选择算法	2.3
S	Sulfur	硫分	2.2.3.1
SA	Simulated annealing	模拟退火算法	4.1.2
SCM	Supply chain management	供应链管理	1.1
SEC	Specific solid energy consumption	单位固体能耗	2.1.2
SiO_2	—	二氧化硅	2.2.3.1
STL	Statistical learning theory	统计学习理论	2.2.1
SVR	Support vector machine for regression	回归型支持向量机	目录
TEC	Total energy consumption	总能耗	2.1.1.2
TFe	—	全铁	2.2.3.1
T_{max}	Maximum tardiness	最大拖期时间	2.1.1.1
TRT	Blast furnace top gas recovery turbine unit	高炉炉顶煤气压差发电	1.1
TQM	Total quality management	全面质量管理	1.1

（续表）

简称	全称	解释	首次出现章节
TS	Tabu search	禁忌搜索算法	4.1.2
TWT	Total weighted tardiness	总加权拖期时间	2.1.1.1
WNT	Weighted number of tardy jobs	加权拖期工件个数	2.1.1.1
η_e	Energy efficiency	能源效率	2.1.1.2